ヒロシマのグウエーラ

——被爆地と二人のキューバ革命家——

林 立雄

溪水社

「君たち日本人はこんなに残虐な目に遭わされて腹が立たないのか。」

――エルネスト・チェ・ゲバラ

「アメリカ大統領は、原爆による何万もの広島の犠牲者に謝罪しなかった。…平和を守る必要性と、いかなる大国であっても多くの人々を殺す権利はないということは、繰り返し訴えていかねばならない。」

――フィデル・カストロ

原爆慰霊碑に献花するキューバ親善使節団（1959年7月25日）
（左から　フェルナンデス大尉、ゲバラ少佐、アルスガライ大使、見口係長）
中国新聞社提供

原爆慰霊碑に献花するフィデル・カストロ議長（2003年 3月3日）
中国新聞社提供

序文

新聞記者は、現代史の立会人に擬えられるが、キューバ情勢に通じていない当時の林記者は、一期一会の髭面が、数年のうちに、現代史の悲劇のヒーローに列されようとは、思い及びもしなかった。

ゲバラに会見して、二年近く経って、髭面の写真を目にした。

五九年初めに成就したキューバ革命から、一年六ケ月後に、アメリカの雑誌『マンスリー・レビュー』が"Cuba : Anatomy of a Revolution"(1)を特集した。同誌の共同編集者である、ジャーナリストのレオ・ヒューバーマンと経済学者のポール・M・スウィージーの共同取材・執筆だ。今にして思えば、二人は、革命直後の時点で、キューバの社会変革とは何か、を的確に捉えた同時代史を描いていた。

それから五ケ月後には、岩波書店が、同書を翻訳した『キューバ——一つの革命の解剖——』(池上幹徳訳(2))を新書で刊行した、という広告をみた。

筆者は、ヒューバーマン、スウィージーそれぞれの著書の読者だった。著者名に惹かれ、新書版を手にした。

巻頭のグラビアに、人物二人のポートレートを載せてある。その一人は、戦闘服姿で食事をとっている。革命政権ナンバー1のカストロ首相だ。

もう一人を見てうなった。目を凝らして見つめた。戦闘服姿で、三本のマイクを前にして演説中の髭面。確かに一年数ケ月前に平和記念公園で会った男ではないか。

写真説明に「チェ・ゲバラ（本文参照）」とある。髭面は、ゲバラと呼ぶようだ。

グラビアには、二人しか登場していない。あの男・ゲバラは、フィデル・カストロに次ぐ存在なのだろう。

本文を参照する。カストロ率いる反乱軍は、バチスタ大統領の政府軍をジャングル戦で破り、五八年八月、反乱軍が得意としない平地戦で勝敗を決することになった。この反乱軍が当面する難事を、誰が担当するか。「フィデルは、一九五八年八月二十一日、この仕事を、仲間のなかで一番有能な戦略家であり、バヨ大佐の最優等生であるチェ・ゲバラに託した」。（同書一一九頁）

三十一歳のゲバラは、カストロの期待にこたえて、反乱軍を勝利に導いた。この勝利が、革命成就を引き寄せた。ゲバラは、キューバ人ではない。アルゼンチン人の医師で、中南米を放浪の途次、助っ人としてカストロ反乱軍に加わった。

助っ人の名前は長い。エルネスト・ゲバラ・デ・セルナという。キューバ人の仲間は、ゲバラもアルゼンチン人がよく口にする感動詞「チェ」を口癖にしていたので、チェと呼び慣わすようになった、という。カストロは、アルゼンチン人のチェを最も信頼していた。チェが再婚早々であるのを承知の上で、各国訪問使節団長に任命した。

ヒューバーマンとスウィージーが、まだ社会経済が混沌としていた革命初期の五九年十月に、三週間キューバに滞在して、取材した。

砂糖農園やゲリラ戦の戦跡を見て回った。カストロ首相が運転する車に同乗し、革命の現状と将来について議論した。執筆する際には、キューバ新政権を敵視するアメリカの商務省や外交政策協会の統計数字や知識に頼った。

現場を踏んで、裏を取る、は取材の鉄則とされる。スウィージーとヒューバーマンは、その鉄則に従って、取材・裏付けしたから、革命早期で混乱していた社会経済を的確に解剖し、革命の方向性を見通せたのであろう。

極東の遥か彼方から観測するよりも、ハバナに出向いて取材しようと、何度か思い立った。萩原朔太郎の詩「旅上」に「ふらんすへ行きたしと思へども　ふらんすはあまりに遠し」とある。その思いを借りると「きゅーばへ行きしと思へども　きゅーばはあまりに遠し」という生活環境が長くつづき、広島を定点にしての観測することを余儀なくされた。

朔太郎は、「せめては新しき背広をきて　きままなる旅にいでてみん」とした。

注

（1）Leo. Huberman, Paul. Marlor. Sweezy, "Cuba: Anatomy of a Revolution", New York, Monthly Review Press, 1960.

（2）L・ヒューバーマン、P・M・スウィージー、池上幹徳訳『キューバ――一つの革命の解剖――』岩波書店、一九六〇年

目次

V　キューバと核をめぐる近況

ヒロシマのグウエーラ

―被爆地と二人のキューバ革命家―

Ⅰ　「記憶の場」被爆地でのゲバラ―一九五九年七月二十五日

1．記者室

六〇年安保の前年、一九五九年七月二十五日、夏の朝日が昇ったばかりの五時二十五分、広島駅に下り特急「玄海」（京都―博多）が到着した。

一番ホームに、三人の男が降り立った。二人はグリーンの戦闘服姿、もう一人はスーツを着込んでいる。男たちはタクシーに乗り込み、西へ向かった。

それから三時間余たって、三人の動向は、広島中の情報やニュースが、多岐にわたって集散する広島県政記者クラブに伝えられた。

この日は土曜日、広島県庁は半ドンで、朝からのんびりムード。県庁二階に位置する県政記者室に詰める新聞社、通信社、NHKの記者クラブ員がそろったのは九時ごろ。それを確かめて、県庁外事課員が入室し、告示・ブリーフィング（状況説明）をはじめた。

外事課　キューバの使節団がきました。十時に、平和記念公園の原爆慰霊碑に献花します。

記者Ａ　平和公園訪問者の応対は、市役所のお役目でしょう。うちは、市政（記者クラブ員）に任せます。
記者Ｂ　この話、どこから県にいってきたのです。
外事課　外務省大阪事務所です。
記者Ｂ　どうして外務省、それも本省でなくて、大阪事務所なのですか。
外事課　県知事は、外務省から機関委任されています。外国の公式訪問者が県内にやってくると、面倒をみるよう依頼してくることがあります。キューバ使節団は、大阪訪問中に、広島に足を延ばすことになり、大阪事務所が頼んできたのでしょう。
記者Ｃ　どういった使節団です。
外事課　親善目的ということです。広島にきているのは、一行のうち団長ら二人で、在日大使が同行しています。
記者Ｃ　団長は、どんな人です。
外事課　キューバ軍の少佐です。戦闘服を着ていますので、すぐにそれと分かるはずです。
記者Ｃ　名前は。
外事課　えっーと。（文書を見ながら）グウエーラと。グウエーラ少佐です。
記者Ｄ　呼びにくい名前だな。中南米に、ある名前なのですか。それに、少佐ですか。少佐では、大した話も出ないでしょう。

外事課　大使もついています。
記者Ｄ　広島とキューバ、何か関係ありますか。話題になるような。
質疑は、ここで途絶えた。互いに顔を見合わせた。そして誰も動き出さなかった。

2.「グウエーラ」

地元紙・中国新聞の取材態勢は、他社と異なる。県政記者室にもたらされた情報は、細大漏らさず、カバーする。「細」とみられるものは、県政記者クラブで最年少の記者（筆者）の役目である。

外事課員が退室すると、ちょっと間をおいて、県政担当キャップに「平和公園に行きます。写真部に連絡願います」と告げて、記者室を出た。ポケットに入れているメモ帳には「キューバ親善使節団長　グウエーラ少佐　十時　原爆慰霊碑献花」と書き込んだ。

五十年前、カメラは高価で貴重品だった。個人所有のカメラを携帯して取材する記者は、少なかった。撮影は、ほとんど写真部依存である。

キューバ使節団長を取材しようと腰を上げたのは、役目というだけでもなかった。この年の正月に目にした新聞記事を思い出して、あることを連想したからだ。

カリブ海に浮かぶ島国に生じた出来事が、遥か彼方に位置する極東の島国に伝えられることは滅多にない。ところが、この年の一月二、三日付けの各紙の紙面に、突如、外国通信社のハバナ電が現れた。

お屠蘇気分で読んで、うろ覚えだったが、その外電は、キューバ内戦の戦局を報じていた。反政府軍と政府軍との内戦は終結が近い、反政府軍に追いつめられた大統領が国外に逃亡し、反政府軍の勝利がみえてきた、というニュースだった。

正月明けから、ハバナ電は載らなくなった。どういう政治勢力が、何をめぐって敵味方に分かれて、戦っていたのか、キューバ内戦の実態がよく分からないまま、キューバは遠のいていた。

県政記者室で、外事課員の「使節団長は、戦闘服を着た少佐」という説明を聞きながら、キューバの内戦とは、青年将校が決起して、旧政権を打倒し、軍事政権を樹立したものでは、と連想した。その青年将校団の一人が、使節団長になって、訪日したのではないか。戦闘服姿の団長に会えば、キューバ内戦の事の次第の一端にでも触れることができるかもしれないと、思いついた。

使節団が、献花する予定の十時前に、原爆慰霊碑に着いた。照り返しで暑い平和公園の広場は、人影は疎らだ。

大型写真機のスピグラ（スピード・グラフィック）を抱えた写真部の吾郷一郎カメラマンが、待っていた。

3. 原爆慰霊碑に敬礼

キューバ反乱軍（革命軍）の階級の最高位は、Comandante＝少佐であった。一九五六年十一月二十五日、フィデル・カストロを司令官とする反乱軍八十二人もが、亡命地メキシコのトゥスパンで八人乗りヨット「グランマ号」に乗り込み、キューバ上陸をめざした。キューバの代表的メディアであるキューバ共産党中央委員会機関紙『グランマ（Granma）』の題字は、この上陸作戦用ヨットの船名にちなんでいる。

スペイン語では、司令官も少佐と同じ綴りComandanteである。カストロ少佐（Comandante）は、反乱軍の司令官（Comandante）だった。反乱軍＝革命軍が、国軍に改編されると、カストロは将官となり、総司令官（Comandante General）に就いた。

エルネスト・チェ・ゲバラも軍医として、グランマ号に乗船した。

ゲバラは二八年、アルゼンチンのロサリオ市生まれ。五三年、ブエノスアイレス大学医学部を卒業した医学博士。ペロン政権の軍医に徴用されるのを逃れて放浪の旅に出て、五五年、メキシコ市立病院に就職していた。

スペイン語の通じるラテンアメリカでは、国境を越えて人々が自由に交流する。八五年、ブラジルのフランシスコ会修道士フレイ・ベトがカストロにインタビューした『カストロ革命を語る』で、ゲバラの中南米旅行や盟友との出会いを語っている。

ベト―（ゲバラと）知りあったのは何歳のときでしたか。

カストロ―一九五五年だ。（略）ゲバラは大学を卒業して医者になったばかりで、アルゼンチンにいたときにも一度か二度、外国旅行をしており、ボリビアに行っている。彼といっしょに一度旅行したことのあるアルゼンチンの仲間が、いまでもキューバにいる。グラナドという科学者で、わが国で働いている。二人でアマゾンまで行き、ハンセン氏病の療養所に滞在した。二人とも医学部をでているが、伝道師のようなものだった。

ベト―あなたより年下ですか。

カストロ―チェのほうが二歳下だったのではないか。たしか、一九二八年生まれだから。医学部を卒業したが、独学でマルクス・レーニン主義を勉強していた。非常に勉強家で、すでに確信をもっていた。生活、つまり、各地で見聞した経験に裏打ちされていたのだ。だから、われわれが会ったときには革命家として完成されていた。（略）アルゼンチン人で（そのためエル・チェと呼ばれていた）、われわれと意気投合した。グアテマラのことを話していた。本人も言っているように、ちょっと話し合っただけでわれわれの遠征隊に加わってもらうことにした。(1)

反乱軍は五七年五月、バチスタ政府軍の拠点であるウペロ兵営を攻撃して、勝利した。ゲバラ軍医は、戦士としてめざましい活躍をした。

カストロは、次の作戦に備えて、反乱軍を再編成した。三好徹『チェ・ゲバラ伝』には、再編成に際して、ゲバラ軍医を少佐（Comandante）に就け、司令官（Comandante）に任命した経緯が次のように書き込まれてある。

　カストロは、約二百名に近い数になった同志を二隊にわけ、その新しい部隊七十五人の隊長にチェを任命した。

　任命の仕方はいっぷう変っていた。

まず、第一の部隊のものが、カストロを筆頭に氏名官職を書いた。

ついで第二隊長。

チェはそのときまで大尉だったが、カストロは、大尉と書こうとしたチェに、「少佐とかけよ」といった。

少佐（コマンダンテ）は、反乱軍の最高位だった。こうして、チェは第二部隊の指揮官になった。（略）

アルゼンチン人であるチェが、他のキューバ人をさしおいて、反乱軍のナンバー二になった。ゲリラ戦士として、また指揮官としてのかれの特質を示すものであろう。(2)

五九年一月一日、キューバで革命が成就したと、世界中に報じられたが、それから半年余後、極東の国の地方都市には、カリブ海に浮かぶ小国での出来事の詳報は伝えられていなかった。キューバ革命軍ナンバー2であるゲバラは、無名であった。革命軍少佐の格付けについても知られていなかった。

実のところは、中国新聞の県政担当として筆者が常駐していた広島県庁の記者室の各社の記者全員、それに県庁の渉外担当者もチェ・ゲバラの存在を知らなかったのである。

当時、県政記者室には、全国紙の朝日、毎日、読売、産業経済（現・産経）、日経、地方紙の山陽（本社：岡山）、地元の中国、通信社の共同、時事、放送のＮＨＫ、の十社の記者が机を並べていた。記者室の新聞架けには、常駐社の朝日、毎日、読売、産業経済、日経、山陽、中国の七紙が架けられていた。全国紙は、大阪本社印刷工場で刷った広島圏向けの統合版である。東京発の最新ニュースは、締め切り時間の都合で掲載されているとは限らない。地方紙の場合、外電・外務省関連情報は、共同通信が配信した記事を載せる。

広島県庁職員と県政担当記者の間では「無名」だったチェ・ゲバラ少佐は、すでにこの月の十五日に羽田に到着し、二紙が四本の関連記事を載せていたのである。厳密にいえば、「無名」ではなく、「無知」だった。

そのうちの一紙は、記者室の新聞架けに架けられていないジャパン・タイムズ。当時もジャパ

Cuban Goodwill Trade Mission Arrives Here
A six-member Cuban commercial goodwill mission headed by Comandante Ernesto Guevara arrived at Tokyo International Airport an A 11 plane at 9:15 p.m. yesterday.
While here, the mission will negotiate with Japanese trade and governmental circle on the promotion of trade between the two nations.

『ジャパンタイムズ』一九五九年七月十六日、六面の記事内容

ン・タイムズは地方では探し求めないと目にすることができないほど普及率は高くなかった。筆者は、家庭でも講読していなかった。ところが、英字紙とあって、外国人の来訪をぬかりなくカバーしていた。ジャパン・タイムズだけ、キューバ使節団の到着を一九五九年七月十六日付け朝刊で、上記のように伝えた。

次いで十七日付け朝刊では、二紙だけがキューバ使節団のゲバラ団長の記者会見を扱った。ジャパン・タイムズと産業経済新聞である。普及率の高い全国紙の朝日、毎日、読売、経済紙の日経は、ゲバラ会見を掲載していない。地方紙に配信する共同、時事の両通信社はゲバラ会見原稿を流していなかった。

ジャパン・タイムズは、二面に長文九十一行の会見記事を載せていたのである。

ゲバラ団長は、東京のプリンス・ホテルで会見した。産業経済新聞東京本社編集局の記者が取材し、その編集局の経済部か外信部のデスクに出稿されたはずであるのに、東京本社発行の同紙は他紙と同様にゲバラ会見記事は見当らない。

東京本社から転伝されたとみられる「貿易を拡大したい　来日のキューバ通商使節団」という見出しを付けた記事が、大阪本社発行の最終版（十五版）だけに載った。広島市周辺に配布される十一版には、この会見記事は刷り込まれていない。

ゲバラは、東京に到着する早々、アルスガライ駐日大使(3)に広島を訪問する意向を伝えたが、大使は日本政府当局に気兼ねして、その日程を伏せていた。記者会見では、日本の行動について、外務、通産両相を会談する予定という程度にとどめていた。広島訪問については、おくびにも出さなかった。広島についていて、全く言及しないのだから、各社東京本社は、広島支局にゲバラ情報を伝達するはずがない。また、キューバ使節団の広島訪問日程を把握していなかった外務省も、広島県庁に情報連絡をとっていなかった。

ジャパン・タイムズは、相次いでゲバラ情報を告げた。十八日付けの紙面で、キューバ大使館のガーデン・パーティに臨んでいる写真を掲載した。もっとも、この写真掲載は、今にして思えば、駐日アメリカ大使マッカーサーが、アメリカ情報部がハバナを出発してからマークしつづけたキューバ革命政権ナンバー2のゲバラと立ち話している構図を捉えたシャッターチャンスをひけらかしたようにも勘繰れる。

チェ・ゲバラという名前を目にも耳にもしたことがない広島県庁記者室に広報担当が予告してきた。「きょう午後、キューバの少佐が原爆慰霊碑に参拝する、という連絡がありました」。

一九五九年七月二十五日は、土曜日。物静かだった記者室で、質す声が上がった。

「やってくるというのは、少佐ですか」「外務省の連絡では、少佐ということです」「少佐程度じゃな」「大使も来ます」「キューバのでしょう。大した話は、出そうにないな」。

記者室の大勢は、取材意欲に欠けていた。

ゲバラの肩書きは、Comandante。予告の際、キューバ革命軍では少佐＝Comandante は最高の階級で、さらに今年はじめに革命を成功させたキューバ革命軍ナンバー２の司令官＝Comandante であるといった補足説明が伴えば、何紙かの記者が平和記念公園に出かけて共同取材になっていたかもしれない。

腰を上げたのは、中国新聞記者であった筆者一人だった。革命から数ケ月後、佐官級は動乱収拾の任務に追われる前線指揮官か参謀に就いているであろうに、その人材が遥々と地球の裏側に位置する人類初の被爆地を訪問するのには、それなりの使命を与えられているのだろう。「大した話」が飛び出すかもしれない、と思いついたからだ。

広報担当者は、毎日顔を合わせている仲である。記者室を出た広報担当者を追って、尋ねた。まず、気になるのは言葉。「何語が通じるの」「見口さんが案内役についてやるので大丈夫です」。見口健蔵・外事係長は、戦前、アメリカ育ちで、日米開戦後、日米交換船で広島に帰った。アメリカ語が堪能で、渉外担当を勤めていた。

「いつ、どこで落ち合えばいいんですか」「見口係長は、県の車で岩国空港に迎えに行きました。

飛行機は一時着(4)です。後で、知事室で知事に表敬することになっています。その前に、平和公園に寄るということです」「写真は、慰霊碑前で撮れますね」「ですね」「そうそう、肝心の少佐は、なんという名前です」「えーと、(メモを見ながら)外務省からは、〝グウエーラ〟と言ってきてます」「〝グウエーラ〟ですか」「そうですね」。

Guevara は、筆者の取材メモ帳には「少佐グウエーラ」と書き込まれた。中国新聞の記事には、グウエーラ・キューバ使節団長が広島を訪問したと刷られている。

筆者は、記者室の中国新聞専用線で写真部に撮影を依頼した。岩国—広島間を一時間余かけて到着するであろうと、見計らって平和記念公園に出向くと吾郷カメラマンがスピグラを抱えて、原爆慰霊碑近くの木陰で待っていた。

吾郷　それらしい連中、いませんよ。
筆者　クラブでの発表、献花は十時といったのだが。
吾郷　午前中に、もう一つ取材予約がある。十一時には、公園を離れたいのですが。
筆者　それまでには、やってくるだろう。もう少しつき合ってよ。

記者にとって、待つのも仕事のうちだ。それにしても、照り返しの強い平場で立ちつづけるのは、暑くてかなわない。日ざしを避けようと、慰霊碑西側の木陰に移動した。そこで、吾郷カメラマンが、「現れませんね」を繰り返す。

四十五年後の吾郷カメラマンの記憶では「暑いのに、一時間以上も待たされた」。筆者は、岩国から二号線―平和大通り経由で平和記念公園に乗りつけるものと思い込んで、原爆資料館[5]辺りに目を向けていた。

ところが、待つこと久しくして、公園内にあった新広島ホテル（現・広島国際会議場）の玄関から男たちが出てきた。見口係長が先導し、背筋を伸ばした戦闘服姿が二人と小肥りで背広姿の計四人。

戦闘服の色は、オリーブ色。キューバ革命は、革命軍の軍服にちなんで「オリーブ色の革命」と呼ばれるが、その色だ。二人は黒いベレー帽をかぶり、一人のベレー帽の正面には、星のマークが飾ってある。星が、夏の陽にきらめいていた。

革命軍の機関紙の題字は、「ベルデ（Verde＝緑）・オリーボ（Olivo＝オリーブ）」である。星章をつけた戦闘服姿が、使節団長のようだ。取材を申し入れるため、向き合った。背丈は、筆者よりちょっと高い。百七十五センチくらいか。

髭面である。旅中で手入れが行きとどかないのか、もみあげからあごにかけて、それから鼻のまわりと、よくのびた髭が顔面を埋める。ベレー帽のふちから、長髪がのぞいている。その髭面に澄んだ目が目立つ。

体を髪と髭と戦闘服で覆っているので、年恰好をはかりかねた。実は、一九二九年六月生まれ、広島を訪れたときは三十一歳だった。

五十年も前、地方で白人と接する機会は少なかった。滅多に会わない白人に会ってみて、その顔立ちは、記憶に残った。

所変われば、印象も異なる。筆者にとってユニークに思えた顔立ちは、キリスト教文化圏では、慣れ親しまれているようだ。

ドイツのジャーナリスト、ヴォルフ・シュナイダーは、こう表現する。「あごひげとふちなし帽に囲われたあの夢見るようなまなざし、彼に魅せられた者はみな、イエス・キリストを思い浮かべる。この地上のいたるところ、多くの家の居間や書斎に彼の肖像は今もかかっている。」(6)

ちなみに、このイエス・キリストを思い浮かばせるという男が生まれ育ち、そして生きたラテンアメリカでは、ヨーロッパから伝来したローマン・カトリックが広まり、根づいている。この男も慣例にしたがって、誕生とともにカトリック教会で洗礼を受けた。だが、長じて、革命運動に身を投じ、マルクス・レーニン主義の洗礼を受ける。

髭面を信頼し、新政権樹立後、初の海外使節団長に任命した上司のカストロも、広く世に知られる容貌だ、とみている。「わが国の新聞を開くと、それぞれの時代の彼の写真、像が見られます。世界中でよく知られた像です。(略)彼は、シンボルにふさわしい外貌をもっていました。シンボルのイメージにふさわしいのです。彼のまなざしは、率直さと強さをそなえたまなざしです。」(7)

髭面の肖像といえば、一九九〇年代には、旧ソ連・東欧圏では至る所に掲げられていた髭を生やしたマルクスとレーニンの肖像が次々に外されていった。それと入れ替わるように、カリブ海の革命家、若きマルクス・レーニン主義者の髭面の肖像が、「この地上のいたるところ」に急速に広まり、「世界中でよく知られた像」になった。

それは、髭面の男がゲリラ戦で戦死、所在不明だった遺体が三十年後の一九九七年に、発見・発掘されたのがきっかけだった。盟友カストロが、その外貌を革命のシンボルに仕立てあげ、盛大に追悼し、顕彰してから広まった。

キューバ国内だけではなく、キューバを敵対視するアメリカをはじめ、「この地上のいたるところ」で、ポスター、アルバム、切手、キーホルダー、マグカップ、腕時計、野球帽、Tシャツなどにプリントされた肖像が出回った。

旧社会主義圏では、官製のマルクス・レーニン像を、政権党が普及させた。一方、キューバの革命家の肖像は、ファッションとして売り出され、よく売れる商品になった。日本では、カッコイイとかイケメンという用語が流行ったが、髭面の肖像は、それに当たるのであろう。

筆者も東京と広島でTシャツを買った。一枚はインドネシア製、もう一枚は日本製。インドネシア製のシャツには、筆者が会ったときと同じ外貌がプリントされている。なつかしんで買い求めた。

この原画は、髭面の男が広島を訪れた翌年に、キューバの写真家アルベルト・コルダが撮影した。コルダは著作権を行使しなかったし、それに、カストロのいう「シンボルのイメージにふさわしい」スターとして捉えた作品だったのだろう。「世界中でよく知られた肖像」として広まった。

さて、筆者は、その当時、日本では、全く無名だったキューバ使節団長に申し入れた。筆者が、その一団に歩み寄ると、毎日顔を合わせている見口係長が心得ていて、背広姿のアルスガライ大使に英語で「当地の新聞記者が取材を希望している」と告げた。大使は、髭面に澄んだ目が輝いている戦闘服の男にスペイン語に訳して伝えた。髭面は、目顔で応えた。使節団長のグウエーラことゲバラ少佐である。

「広島にようこそ。私は、広島の中国新聞の林という記者です。インタビューと写真撮影に応じてもらえれば、幸いです。」

この口上を、見口係長が英語にして、アルスガライ大使に伝え、大使が団長にスペイン語に訳した。

それを聞いていた団長は、目顔でうなずいた。一言も発しないで、慰霊碑の方へさっさと進んでいく。筆者は、その背中を見ながら、「無愛想な男だな」とつぶやいた。

自ら名のらないから、使節団長の官姓は、メモ帳に記したグウエーラ少佐なのであろう。メモ帳の「使節団長　グウエーラ少佐」に○印をつけた。

筆者が、無愛想だ、と思ったのは、あながち当たっていなかったといえないようだ。盟友カストロは、その性格、言動について、こう説明している。

「とてももの静かな男でした。彼はわれ先に話したがる人間ではありませんでした。ものごとをすぐには表明しなかったのです。彼はものごとを感じてはいました。しかし、それを口に出さなかったのです。」(8)

取材を申し出た初対面の若い記者が、キューバに対してどういう立場をとっているか分からない。どう応対したものかと考えながら、「すぐに口に出さなかった」のではなかろうか。筆者は、カストロの見方を知ってから、「無愛想な男だ」と感じたのは、一方的な印象だったかな、と思い直した。

そういえば、広島の記者に対して、原爆・平和について「すぐには表明しなかった」。表明すると、紙面に載る。それが使節団の役目に影響するかもしれないと、「感じて」いたのかもしれない。

それに、カストロは上司として気になる性癖をゲバラがもっていたともいう。

「一方で、衝動的で、非常に勇敢、大胆不敵で、ときには無鉄砲な人物でしたから私としてはつねに気をつかっていました。」(9)

後年、知ったことだが、キューバ使節団長は、日本滞在中に、被爆地広島に足を踏み入れたいと思い立った。使節団長は、訪問国の外務省が、広島訪問を好ましくないとしながら、接遇していることを察知していた。だが、「衝動的、大胆不敵で、無鉄砲な」行動をとり、その思いを遂げた。

その使節団長を中にして、三人は原爆慰霊碑前に並んだ。

見口係長が、平和記念公園と慰霊碑について説明をはじめた。アルスガライ大使が、肩にかけていた小型の鞄の様なものをまさぐっている。録音機を始動させたようだ。このとき録音されたと思われる原爆慰霊碑の構造やその印象が、使節団長の少佐がキューバ革命軍機関紙『ベルデ・オリーボ』一九五九年十月十九日号に寄稿した日本訪問記（「原爆の悲劇から立ち直った日本」(10)）に書き込まれている。

吾郷カメラマンが、使節団員と慰霊碑をレンズに捉えられる位置に立った。筆者は、写真の構図に入らないようにと慰霊碑前から離れた。すると、見口係長の話し声が聞きとりにくくなったが、その説明もひとくさりしたようだ。

実は後で知ったことだが、団長は慰霊碑の碑文の文面について見口係長に問いただしていた。「『過ちは繰り返しませぬから』という碑文には、なぜ主語がないのか」。

このときの碑文についての「疑問」、慰霊碑参拝後に見学した原爆資料館の展示をみたときに団長が発した「一言」については、後述する。

もう一人の髭面は、県庁が用意した千五百円分の花束を抱えていた。副団長のオマル・フェルナンデス大尉が、慰霊碑に近づいた。大尉の腕の中で季節の花、白百合がゆっくり揺れている。

フェルナンデス大尉が花束を慰霊碑に立てかけた。吾郷カメラマンが、スピグラのシャッターを切った。この写真機は、連写はきかない。ちょっと間をおいて、吾郷カメラマンは、もう一度シャッターを切った。原爆慰霊碑に献花している構図の写真、これは確かに広島訪問したという証拠である。

フェルナンデス副団長は、列に戻った。三人並んだところで、戦闘服の二人は編上靴の踵を合わせ、挙手の礼をする。型どおりだが、きびきびした軍人らしい動作も、絵になるか、と想定したが、一向にその気配はない。髭の団長は、背を丸めて慰霊碑の方を見遣っている。副団長も大使も右にならえだ。

しばらくすると、列は崩れた。吾郷カメラマンは、その場を離れていった。

次頁の写真は、『中国新聞』(一九五九年七月二十六日)の紙面と十年後の一九六九(昭和四十四)年発行『文藝春秋』五月号のグラビア「チェ・ゲバラ　日本を行く」に掲載された。文藝春秋編集部員が、この五月号に「チェ・ゲバラ　日本を行く」を書き下ろした作家・三好徹氏とともに中国新聞社を訪れて、提供の要請があり、それに応じたものである。
文藝春秋編集部は、次の写真説明を付けた。
「当時　一般には殆ど知られていない名前だった　十年たった今　その時の彼を記憶する人の極めて少いことは　本文中の三好徹氏のルポをご参照いただきたい　いわんや滞日中の彼をおさめた写真は　まことに寥々たるものである
これは同月二十五日　広島を訪れた彼が　原爆慰霊碑に詣でている記念すべき写真である

【写真】（『文藝春秋』一九六九年五月号グラビア）

（左からフェルナンデス大尉　ゲバラ　アルスガライ大使　広島県庁・見口健蔵氏）[11]

それにつけても、シャッターを押した吾郷カメラマンは、こう述懐する。「林さんは、原爆慰霊碑前でいいだろう、と言うので、あのシーンしか撮らなかった。あれほど有名になるのだったら、広島の行く先々について回って撮っておけばよかった」。

原爆慰霊碑参拝を終えて原爆資料館に向かう途中で、話しかけた。記者社会で、ブラ下がりという取材がある。テレビで、国会の廊下を首相や各党幹事長らを記者団が取り囲んで歩きながら取材しているシーンが映されるが、あれがブラ下がり。

ゲバラにブラ下がった林記者が日本語で質問し、見口係長が大使に英語で伝え、それを大使がスペイン語で話し、ゲバラがうなずく。答えは、スペイン語―英語―日本語で返ってくる。スペイン語の口数は少ない。大使と見口係長が、それぞれ補足説明してくれているようだ。

原爆慰霊碑と原爆資料館百二十メートルをゆっくりした足取りで移動したが、それでも二度三度、立ち止まって言葉を交わした。

筆者　革命間もない、この時期、国内も多忙だろうが、日本を訪れた目的は。

団長　今年はじめ、新しい政権を樹立した。日本を含めて世界各国に新しいキューバ政権を説明し、国交を継続し、友好関係を保つよう交渉する。今回は、アフリカ、アジア諸国を回っている。日本訪問も、その一国だ。（間）われわれがつくっている新しいキューバについて説明し、連帯するよう要請話をしている。（間）大戦後、めざましい復興をし、発展している日本とは経済交流をはかりたい。いろいろな企業を訪ねている。

筆者　新政権は、アンシャン・レジーム（旧制度）を転覆してつくったのか。

団長　そうだ。

筆者　（戦闘服姿の団長と副団長を見比べながら）新政権は、軍人主体の政権なのか。

団長　そうではない。（「これは」というふうに、両腕をちょっと開いて）これは、革命運動に加わってから、着るようになったのだ。

筆者　関心をもっている企業は。

団長　広島の次に、豊和工業を訪ねる。[12]（間）豊和のライフルは優秀だ。

筆者　（取材者は寡聞にして、豊和のライフルについて知識欠如。反射的に問いただした）豊和のライフルは、そんなにいいのか。

団長　精巧だ。ぜひ買い付けたい。

筆者　日本は、武器輸出を禁止している。

団長　それでも交渉してみる。

筆者　広島で、訪ねてみたい企業があるか。

団長　広島には、どんな産業があるのか。（間）大阪で、ここから広島は近い、と聞いた。それなら、ヒロシマがどうなっているか、確かめて帰ろうと思ってやって来た。

大使　使節団は六人。日程を急に変更したので、ここに来たのは団長と副団長だけだ。

見口　日程の変更は、本省にではなく、外務省の大阪連絡事務所に知らせたようで、うち（県庁）にも大阪事務所から言ってきました。

平和を名称に冠した公園で、いきなりライフルがとび出したのには、驚いた。それに寡聞にして、豊和工業なる企業がライフルを製造しているか、どうか知らない。

後日得た記録では、ゲバラは、訪問した各国でも、銃器について関心を示していた。ゲバラは、小型火器で戦うゲリラ戦のプロだ。その著書『ゲリラ戦争』（一九六〇年）で、ゲリラ戦に適応した小型銃器について、詳述している。それによると、ゲリラ戦には、構造が簡単で、敵の兵器を奪取したとき、その弾薬が使えるので、敵と同じ銃がいい。M1、M14ライフルがそれだ。

ゲバラ自身、最期のゲリラ戦で、M2ライフルを手にして倒れた。キューバ・サンタクララ市にあるゲバラ廟の前に立つゲバラ像は、ライフル銃を構えている。銃と生死をともにしたゲリラの指揮官が、日本有数の兵器メーカー豊和工業製ライフルの性能にも通じていてもおかしくあるまい。

戦闘服には、ライフルがよく似合うか、と思わず微苦笑している、と引きつづき問いかけてきた。

団長　広島で、砂糖を買ってくれるところはないか。キューバは、砂糖を大量に生産している。
筆者　広島という一地域で、砂糖を大量に輸入しても、処理できないだろう。キューバは砂糖のモノカルチャー（単作）なのか。
団長　そうだ。工業化をはかり、産業構造を多様化したい。ついては、広島にはどんな産業、特に、どんな工業があるのか知りたい。
筆者　輸送機器を製造する企業がある。海に面しているので、造船は発達している。
団長　キューバは、海に囲まれている。漁船が要る。小型漁船を造れるか。
筆者　それは、当地の得意分野である。
団長　漁船を買い付けたい。

ここで、原爆資料館入口までやってきた。
通商使節団長に変身しかけている髭面に、改めて問いかけた。
筆者　使節団は、広島をなぜ訪問したのか。
団長　私は、日本を訪れる機会があったら、ぜひ広島をみたいと思っていた。（見口係長が「広島を見ない手はない」とでも言ったほうがいいですかね、言い添えた。）大阪を訪れたら、ここから広島は近いということだったので、思い切ってやってきた。

筆者　使節団は、団長と副団長の二人なのか。
団長　団員は、六人である。
筆者　なぜ、二人だけでやってきたのか。
団長　日本滞在の時間は、残り少ない。小人数のほうが、少ない時間内に行動しやすい。今朝やってきて、今夜発つ。

どうも、記者会見で連想した青年将校が決起して、政権を奪取したクーデターとは、次元が異なる変革のようだ。団長は、革命と言った。革命政権の使節団として、各国と国交継続をはかるのが使命であるようだ。

ちなみに、日本とキューバは、世界恐慌のはじまった一九二九年、国交が樹立した。第二次世界大戦で断交したが、五二年復交した。革命政権と国交を継続し、今日に及んでいる。

振り返ってみると、キューバ親善使節団が、日本を訪問した五九年夏は、アメリカを中にはさんだ日本・キューバの外交関係にとって、微妙な時期であった。

その一年後の六〇年六月、自民党の岸信介政権は日米安全保障条約改定を、激しい改定反対闘争に抗して、成立させた。日米同盟関係は強化され、日本の外交はアメリカに追随する態勢をつづける。

一方、キューバとアメリカとの関係は、この時期もっとも緊張した状態にあった。五九年初めに、成就したキューバ革命は、キューバを植民地化していたアメリカの傀儡政権を排除する目的を果たしたものだった。革命政権は、キューバの社会経済を制していたアメリカ資本の資産を全面撤収した。この措置に対してアメリカは、ＣＩＡが中心になってキューバ上陸作戦やリーダーのカストロ暗殺を企てたりしたが、不成功。アメリカは六一年一月、キューバと断交し、さらに六二年には、キューバに対して全面禁輸し、敵対関係は五十年以上も続いた。アメリカの対キューバ外交政策によって、キューバとソ連・中国など社会主義圏が急接近することになり、キューバは東西冷戦構造の東側に組み込まれた。

キューバ使節団が一年おくれて六〇年夏、アメリカと同盟を強化したばかりの日本を訪れ、国交継続交渉したとすれば、すんなりまとまったであろうか。

原爆慰霊碑と原爆資料館間をブラ下がり取材したが、日本語—英語—スペイン語の三ケ国語のやりとりでテンポは遅い。加えて取材対象者の口調は、滑らかではない。質問応答、意を尽くさないまま原爆資料館入口にたどりついた。

その間の短いやり取りでも、一行は親善使節団と銘打っているが、日本訪問に関しては「経済使節団」と打ち変えた方がよさそうだし、ハバナ出発時に「経済使節団」の視野にヒロシマは入っていなかったことがのみ込めた。

使節団一行から抜け出して、急遽被爆地にとんで来た革命戦士ゲバラは、ヒロシマをどうみるであろうか、と原爆資料館内を一緒に歩くことにした。

4．原爆資料館

原爆資料館は、平和記念公園の南側に建てられた高床式の建物で、入口は二階にある。入場料は、大人二百十円だった。県外事課から意が通じてあったのだろう。見口係長が「キューバ使節団です」と告げると、「どうぞ」と、請じいれられた。

館内には、日本人の見学者が数組いるだけで、戦闘服姿で髭面の外国人が入場しても、見学者たちは無遠慮な視線を向けることはなかった。

原爆資料館は、一九五五年に開館した。人類史上、初めて使われた原子爆弾の被爆資料を収集・保存・展示するのを目的としている。

ところが、キューバ使節団が訪れたときには、原爆の被爆と水爆の被爆、それに核の平和利用の、三通りの資料が展示されていた。

核の平和利用資料の展示には、経緯がある。一年前の五八年春、広島復興大博覧会が、再建された広島城や平和記念公園で開かれた。原爆資料館は、原子力平和利用博覧会場に充てられた。館内には、アイソトープを扱うマジックハンドや原子力商船の模型など五百点が展示された。博覧会が終わると、広島アメリカ文化センターに半ば押しつけられて、展示品の一部は資料館に残され、原爆被爆資料と同居することを余儀なくされていたのである。

二人の使節団員は、これら核の平和利用関連の展示にちらっちらっと目をやりながら、足早に移動した。

折り鶴煎餅と平和羊羹を並べている売店前は、素通り。

水爆の被爆状況を展示しているところで、立ち止まった。

そこには、一九五四年三月一日、アメリカが中部太平洋マーシャル諸島のビキニ環礁で行った水爆実験によって被爆した静岡県焼津港の漁船・第五福龍丸の写真パネルとその説明板が掲げられていた。

被爆の状況が、次のように説明されていた。第五福龍丸は、ビキニ環礁の東方百十キロの海域で操業しているとき、核実験に遭遇した。乗組員が閃光を目撃して十分後、船体が真っ白になるほど白い灰が降りはじめた。乗組員二十三人が、その灰を浴びた。帰港してから四、五日後、火傷状態になった。全員が原爆症患者として入院した。そのうち無線長の久保山愛吉さんは、九月二十三日死亡。水揚げしたマグロからも放射能が検出され、破棄された。

団長は、この第五福龍丸の掲示に関心をもったようだ。写真を見つめながら、しばらく副団長を相手に語りつづけ、副団長が、シー、シー（はい、そうだ）を連発、相槌を打っていた。団長は、帰国後、書いた日本印象記に、原爆資料館で目にした第五福龍丸について書きとめている。

原爆の被爆資料の展示コーナーでも、何度も足を止めた。そこには、遺族から寄贈された中学生や女学生が着ていた焼けただれた制服、針が八時十五分で止まったままの時計、高熱で融けた瓦、折れ曲がった子供の三輪車などが並べられている。展示物のなかには、ガラスケースに収められていないものもあり、手を伸ばせば触れることができる位置に置かれていた。団長は、黙ったまま、一点ずつのぞき込み、ためつすがめつ。

人影がまばらな館内を、ゆっくり展示物を見つめて歩を移す。展示物によっては、説明板を指差して、大使と見口氏を目顔で訳すよう求める。英語―スペイン語の二重通訳の説明を聞いたゲバラの口数は少ない。表情も変えたりしない。どんな印象をもったかよみとれない。

館内を見終わった辺りで、口を開いた。押さえ付けたような口調、英語で、発言した。

七、八分方見たところで、見口係長が声をかけた。「下で車が待っています」。土曜日の昼前、使節団の来庁を待っている知事の顔を思い浮かべて、足を速めるよう促したのだろう。

それを聞いた筆者は見口係長に頼んでみた。「その車に乗せてもらえますか」。同乗して、原爆慰霊碑と原爆資料館の印象を聞こうと思ったからだ。「五人は無理でしょう」と断られた。一行と離れて、車の手配をするため、館外にある公衆電話に向かって走った。

平和記念公園の駐車場に戻ってみると、すでに使節団員は座席についていた。見口係長も乗り込もうとしている。筆者は、係長に問いかけた。

筆者　ちょっと待って。団長、何か言いませんでしたか。

係長　一言。「あなたたち、こんなひどい目に遭っても怒らないのか」
筆者　それだけですか。
係長　それだけです。

日程変更までして、広島を訪れたのは、なぜか。原爆慰霊碑参拝が目的だけでは、原稿にはならない。短いやりとりの中で、大使は訊ねもしないのに、日程を変更した、とコメントした。案内役の見口係長まで、口を添えて、日程変更の経緯の一部を打ち明けた。二人の発言には、含意があるようにも思われた。後述するが、来日早々、ゲバラは広島訪問の意向を大使に告げ、日本政府に気兼ねして引き止める大使と言い争い、日程変更を意識的に伏せて、目的を遂げた。

その広島訪問が意味するものは何かを、ゲバラ自身も明確に認識しないまま目的地にやってきたのではないだろうか。

原爆慰霊碑に敬礼したあと、原爆資料館を視察しながら、訪問した広島が意味するものをつかんだようだ。寡黙な男が、その思いを一言だけ口にした。それを耳にした筆者は、その場では、ゲバラの言葉の意味するものがわからなかった。

原爆資料館を見た後、県庁で待っている大原博夫知事に表敬訪問するという。原爆資料館を約一時間かけて見て、県差し回しの車で、県庁に向かった。

5．県庁知事室

県庁二階の知事室で、大原博夫知事と林愛人秘書課長がキューバ親善使節団を待っていた。一行と一緒に入った筆者に林課長が声をかけた。

課長　記者クラブからは、林さん（筆者）だけですか。
筆者　私はクラブからといっても、朝から同行して、県庁に戻ったところです。九時ごろクラブで使節団の日程について告知がありました。そのとき、知事に表敬するという予定はありませんでしたよ。
課長　その後、表敬するという連絡があったものですから、クラブに知らせたのですが。

その間に、使節団長らと知事が挨拶を交わして、席に着いた。知事の左隣に鍵手になって団長のグウエーラ少佐、つづいてアルスガライ大使、副団長のフェルナンデス大尉が座った。立ち合ったのは、平和記念公園からとって返した筆者一人。
知事は、戦闘服姿で髭面の団長よりも、スーツを着込んで年かさの大使の方が声をかけやすいのか、専ら大使に向かって語りかける。それに対して、知事の問いかけに応答し、また知事に尋ねるのは大使だけである。副団長は、終始発言を控えていた。大使は、通訳に徹している。並んで座った使節団一行の言動から、その序列がみてとれる。団長と副団長は同年輩、兵隊の位も一階級の差なのに、副団長は団長付き副官といったところか。駐日大使は会談の取り次ぎ役。団長グウエーラ少佐は若いが、大分格上のようだ。

会談は知事が問いかけて、はじまった。

知事　広島に、どんな印象を持たれましたか。

団長　町が見事に復興しているのに感心しました。広島は、潰滅的な被害を受けたと聞いていました。原爆投下によって、破壊されたままの跡が残っているのではいないかと思っていました。だが、信じられないような立ち直り方をみることができました。

知事　このように再建されたのは、広島市民、県民の努力によるものです。

団長　街はきれいになっていますが、原爆資料館を見学して、広島市民がひどい目に遭ったか、よく分かりました。悲惨な出来事を目にしました。それに、あれから十四年もたっているのに、毎年、原爆症で亡くなった人々が、原爆慰霊碑に新たに祀られていることを知りました。

知事　今も亡くなる人が絶えないというのが、原爆の怖いところです。原爆投下によって直接、多くの人が死にました。負傷しました。それだけではありません。放射能の影響で、あれからずっと病に床で過ごしている患者も多くいます。新しく発症する人もいます。核兵器は、使われてから長期にわたって被害が及び、犠牲者が出る。通常兵器と違うところです。

団長　それら患者は、どういう治療をしているのですか。

知事　広島に、原爆症の専門医療機関があります。

団長　どこにありますか。

知事　赤十字病院に広島原爆病院が併設されています。

団長は、原爆病院の所在を聞くと、原爆に関する話を打ち切った。今教えてもらった原爆病院の専門医から、より専門的な状況を聞きとろうと思いついたのであろう。

ところが、知事と団長は、同業の内科医であったのだ。挨拶したときに、身上について自己紹介しなかった。お互いに、医者であることは、知らないまま被爆による障害について話し合ったのである。

原爆の放射能の影響を強調した大原知事は、広島で高名な医者である。一九四五年夏、広島県医師会長であった。原爆投下直後から、被爆者救済の指揮をとった。その後も、被爆者の医療体制を整えることに尽力した。原爆症に通じている。

のちに知ったことであるが、グウエーラ少佐は、アレルギーの研究によって医学博士の資格を得ている。革命運動に加わった当初、軍医を勤め、やがて指揮官となった。軍医を兼ねた指揮官は、アレルギー性気管支喘息に苦しみながら戦っていたという。広島訪問中、それらしい様子は見受けられなかった。

知事との会談のあと、使節団一行は、市内を見て回ったが、戦闘服姿のグウェーラ医学博士は、やはり原爆病院を飛び込み訪問した。後刻、筆者は案内役の見口係長にその様子を確かめた。せっかく団長が即断決行したのに、病院の施設を見るだけに終わった。土曜日の午後とあって、説明できる立場にある医者や職員が、すでに退出していたのである。

団長と知事の会見は、通商問題に移った。

団長　キューバは、今年はじめ、新政権を立ち上げた。われわれ新政権は各国と国交を継続したいと願って、今回はアジア・アフリカ諸国を訪問しています。日本にやってきて、戦後というのに、経済が発展していることを知りました。日本では、通商使節団の役目もしようと思いました。

キューバの経済は、砂糖のモノカルチャーです。モノカルチャーを改めるため、農地改革をし、多品種の作物を栽培する計画です。それに、工業化をはかります。そのためには、資金が必要です。砂糖は大量に輸出できます。広島県で、砂糖を買ってもらいたい。

知事　砂糖は、少々輸出入するわけにはいかないでしょう。一つの県で、とても扱える貿易品目ではありません。東京の通商産業省で、交渉する問題でしょう。
団長　砂糖の貿易について、四日前に通産大臣と話し合いました。
知事　池田大臣と話したのですか。
団長　そうです。
知事　池田、池田大臣は、何と言いました。
団長　キューバは、砂糖を日本に売るのなら、その代わり日本の製品の輸入をふやして、貿易バランスをとるようにしようという話でした。キューバとしては、通商協定を早く締結したいので、それについて話し合いました。

大原知事は、キューバ使節団長が、政敵の大臣と話し合ったと聞くと、身を乗り出して、団長に、その交渉の次第について問いかけた。

ハバナから来た男は知る由もないが、広島県政界で、大原知事と池田通産大臣は、政敵という関係にあった。

大原知事は、知事に就任する前、広島二区選出の衆院議員であった。大原議員が中央政界から知事に転じると、入れ替わって大蔵官僚の池田勇人氏が二区の議席を占めた。大原前議員が立候補した知事選挙で、池田衆院議員は大原候補の対立候補を強力に支援した。激しい選挙戦を演じた結果、大原候補が打ち勝った。それから広島選出の有力議員の池田通産大臣と地元の大原知事は、きまずい仲になった。

大原知事が、関心をもったキューバ使節団長と池田通産大臣の会見の記録は、外務省外交資料館に保存され、開示されている。

会見は、七月二十四日正午からわずか十五分間、場所は通産省側の設定で帝国ホテル。主席者はキューバ側が使節団長、アルスガライ駐日大使、ラミネス大使館書記官で、日本側は池田通産大臣、瓜生復男通商局次長、通訳の谷新太郎外務相事務官。

池田　場所を変更して済みませんでした。

チェ　何時に行かれますか。

池田　もう十五分くらいで。

チェ　時間が少なくて残念ですね。砂糖の問題で大いにご相談しようと思っておりましたのに。

池田　われわれも繊維の事について大いに話したいのだが。

チェ　キューバは、いま工業化の問題で二百万ドルの投資の用意があり、そのうちの大部分の機械に対し、日本から受け入れることになっているのだが。

池田　その機械とは、どんな種類の機械ですか。

チェ　全般的な機械で、工業的なものです。特に繊維機械に興味がある。
池田　それは非常にいい話ですね。繊維機械は他国に劣らないから。
ラミネス書記官　二百万ドルでなくて、機械の計画は二億ドルです。
池田　そのほかね、通商協定に関し、差別的関税撤廃について相談したい。
チェ　日本から機械を買う用意があるが、キューバの主要商品の砂糖の買入れはどのくらいあるか。
池田　日本の対キューバ貿易は輸入と輸出の割合が10対1である。どれくらい日本品を買ってくれるか。問題は砂糖よりも日本品の買付けだ。
チェ　キューバより買う砂糖の量の決定がない限り、それは当方も無理である。
ア大使　きのうの予備会談（註・須磨課長とのもの）で、大臣に決定してもらわねばということご意見でしたが……。

（略）

池田　日本にはいつまでですか。
チェ　二十七日までです。
池田　要するに（貿易が）バランスされるようにね。
チェ　大臣としてバランスになるようなうまい方法があったら、いってもらいたい。
池田　35条（ガット）撤廃とね、豪州の様なふうにいってね…まァ…一方的にアンバランスにするようでは、どだい無理ではないか。

チェ　いまは機械のことにするが、これは、全部現金でなくても、バーターである程度の用意があるので、できる限り早く通商協定を……。

池田　豪州は1対3であるが、そのうちに1対2になるだろう。その中で砂糖はどのくらい買うかを、考えることができるのではないか。（このあたり記録が悪く意味不明）

チェ　要するに、毎年、アンバランスは改善するが、それが駄目なら、ヨーロッパにそれよりよい条件の国があるので、そっちにする。

池田　通商協定には、まずアンバランスを改善するにあるね。通商協定で砂糖の問題を考えよう。

チェ　それでよろしい。

池田　そのうち、通産、外務、大蔵で、その話に入ろう。きょうはこのくらいで。

チェ　きのうの外務省の会議では、きょうのような合意にならなかった。四問[13]ばかり提案されたが……。

池田　あくまで協定では、バランスする事に行くべきである。[14]

キューバ使節団長が広島県知事に説明した日本とキューバの通商協定交渉は、両国間で継続され、翌六〇年四月、協定は締結し、東京で調印された。

広島を訪れた使節団に同行していないが、使節団一行六人の中には砂糖と農業の専門家が一人ずつ加わっていた。使節団はキューバが抱える農業問題を解決する方策を、訪問国で探ることも使命としていたのであろう。

飛び込みで広島県庁にやってきた戦闘服姿の使節団長は、知事に対しても自国産品を売り込み、農業などに対する支援要請を連発した。若い団長なのに権限をもっているようだ。一時間前に、新聞記者から聞き込んだ広島の業界の事情を取り込んで、一存で即断し、知事に商談をもちかけた。

知事は、この年のはじめに樹立したというキューバの新政権の性格もはっきりしなければ、新政権が派遣した親子ほど年の開きのある団長の立場もよくは分からない。そういうわけでか、団長の頼み事を受け入れなかった。

団長　キューバには、日本から移民したすぐれた農業経営者や技術者がいます。これら農民は、農業振興の模範になっています。東京で（福田赳夫）農林大臣と会談しましたが、そのとき農業技術者を派遣してほしいと頼みました。（農林省は要請にこたえて、農業技術者四人をキューバに派遣した。）広島からも、いい指導者を派遣してもらえないでしょうか。

知事　キューバの農業事情が分かっている技術者でないと、役に立たないでしょう。広島県にそういう人材がいるだろうか、当たってみましょう。

団長　工業化についても、支援を願いたい。広島県は、造船業が盛んだ、ということを聞いた。キューバは海に囲まれた国で、漁業も振興する計画です。小型漁船を買い付けたい。造船や漁業の技術者も派遣してほしい。

知事　この件についても検討してみましょう。

使節団長は、この調子では土産に持ち帰るような答えは得られないと察したか、次の言葉を継がなかった。

知事も、話し合いをこの辺で打ち止めにしようとしたのだろう。次の予定を訊ねた。「これから、どうされますか」。

これには、アルスガライ大使がこたえた。「市内を見て回り、それから今夜の急行で東京に戻ります」。

6.「アデュー」

使節団の公式の行動は、これで終わったようだ。筆者は、ここで一行と離れることにした。

そういえば、キューバ使節団長と三時間余同行しながら、スペイン語と英語を介して言葉を交わし、直接話していない。最後に通訳抜きで、声をかけようと思った。だが、通じそうな言葉は、万国通用の別れの挨拶しか思いつかない。

県庁玄関の車寄せに立っているグウエーラ少佐に呼びかけた。

「ボンボワイヤージュ」

髭面の中で目が笑い、口元が緩んだ。

「アデュー」

戦闘服姿は車に乗り込んだ。

東京行き特急「あさかぜ」は午後九時三十分、広島駅を発車。四番ホームで、キューバ使節団が広島に滞在している間、付き添って通訳を務めた広島県庁の見口外事係長が見送り、一行が乗り込むのを見届けた。

筆者は記者室に戻り、原稿を書こうと、メモ帳を開いた。

「キューバ親善使節団長　グウエーラ少佐」の行動と発言が走り書きしてある。行動は、原爆慰霊碑献花と原爆資料館見学と知事表敬訪問についてである。発言は、革命と新政権樹立とライフルと砂糖と漁船と農業漁業技術支援と原爆について。発言については、唐突だったライフル談義は字にならない。団長が、知事に頼み込んだ砂糖の売り込みと漁船の買い付けと農業支援要請は手ごたえなし。この事項は、見出しになるような原稿にならないが、知事との懇談でもっとも時間をかけたので、一応触れておく。

原爆慰霊碑の碑文に対する異議申し立ては、どうしたものかと引っかかったが、国内外の平和記念公園訪問者がしばしば疑問視する碑文[15]であるが、最近は相当知名度のある訪問者の発言でないと活字にされない。取り上げるのなら、ちょっとした解説をつけたいネタである。無名であるキューバ軍少佐の異議申し立ては、見逃すか。こうしてメモをみると、やはり大した記事にはならないか、と思いながら鉛筆をとった。

このときには、砂糖と漁船（工業化）と原爆（核）とライフルは、重大事でもなく、それぞれつながりがありそうに思えなかった。だが、キューバ革命が進化するにつれて、これらの事項は広島を訪問した革命軍少佐の命運を左右するキーワードであったことを、知らされた。

五十年余前当時、新聞の原稿は罫の引いてないザラ紙に鉛筆で一行十五字、一枚に二行書いたが、この原稿は十七枚。

「原爆慰霊碑へ花束　キューバ使節団長と駐日大使」という見出しがついて、写真が添えられ、広島版に二段の扱いで載った。

7.「原爆慰霊碑へ花束　キューバ使節団長と駐日大使」

駐日キューバ大使のマリオ・アルズガル博士と訪日中の同国使節団長グウエーラ少佐は二十六日[16]ひょっこり広島を訪れた。これは八月六日を前に広島の原爆慰霊碑にぜひ花束をささげたいというのが目的で、慰霊碑に参拝したあと県庁を訪れ、大原知事と懇談した。

同大使は「キューバの国民も平和な生活を望んでおり原爆慰霊碑の碑文は全く同感だ。キューバは今小型造船所の建設に大わらわで造船をはじめ農林漁業などの技術者を求めている」と語り、広島市内を見学して午後上り特急〝かもめ〟[17]で帰京した（写真は慰霊碑に花をささげるアルズガル・キューバ大使[18]）

（『中国新聞』一九五九年七月二十六日、広島西部版、六面）

「大した」記事に仕立て上げるに至らなかったのは、ゲバラが「ひょっこり広島を訪れた」、それが意味するものは、何かを、この時点では読みとれなかったからだ。その後、キューバが核問題に対してとった姿勢と行動を知るにつけ、じわじわと意味するものがみえてきた。ゲバラが「ひょっこり広島を訪れた」こと自体にあったのだ。とりわけ、ゲバラが原爆資料館で、吐露した被爆地・広島と原爆投下したアメリカに対する思い――一言が、その後半世紀にわたるキューバの核問題に対する姿勢と行動の起点になったのではなかった、と思い返されるようになった。ゲバラ使節団長は、日本訪問の成果として、広島見聞録を持ち帰っている。それがキューバの核政策に反映しているように見てとれる。

それから四十四年後の二〇〇三年三月、カストロ議長が、盟友ゲバラが訪れた広島をわざわざ訪問した。カストロ議長の歓迎昼食会を催したのは、藤田雄山知事である。カストロ議長は長期にわたって政権を維持したが、その間広島県政では世代が交代して大原知事の外孫である五十三歳の藤田知事が親子ほど年の差があるカストロと懇談した。両者とも一世代前に盟友と祖父との出会いを伝え聞いていなかったであろう。因縁話は交わされなかった。

キューバ親善使節団のゲバラ団長の突然の広島訪問を紙面に取り上げたのは、中国新聞だけだった。それも記者室の見込み通り「大した」記事にはならなかった。

一九五九年七月二十六日付け、広島版に二段扱い。慰霊碑に献花している写真付き。この写真を四十四年保存していた筆者は、広島を訪れたカストロ議長に贈った[19]。

その後、筆者は上記のものとは別の記事を二本書いてみた。新聞には掲載されることはなかった「幻」の訂正版である。

「原爆慰霊碑へ花束　キューバ使節団長と大使」

1．訪日中のキューバ親善使節団長のチェ・ゲバラ少佐と団員オマル・フェルナンデス大尉はアルスガライ駐日大使を伴って、二十五日ひょっこり広島を訪れた。これは八月六日を前に広島の原爆慰霊碑にぜひ花束をささげたいというのが目的。慰霊碑に参拝したあと原爆資料館をみて、大原知事に表敬するため県庁を訪問し、知事と懇談した。

ゲバラ団長らは「新政権を樹立したキューバの国民は平和な生活を望んでおり、原爆慰霊碑の碑文は全く同感だ。広島は造船が盛んだと聞いたが、キューバはいま小型造船所の建設におおわらわだ。造船や農林漁業の技術者を求めている。日本と経済交流をはかりたい」と語った。

2. 日本を訪問中のキューバ親善使節団（六人）のうち、団長グウエーラ団長と団員の一人フェルナンデス大尉、アルスガライ駐日大使の三人は二十五日早朝、広島にやってきた。一行は午前中、平和記念公園で原爆慰霊碑に献花し、原爆資料館を見学した。そのあと、大原知事に表敬するため、県庁を訪れ、知事と懇談した。

席上、団長は「広島には惨禍の跡が残っているかと思って訪れたが、めざましい復興をとげているに感心した。一方、原爆資料館をみて、広島市民が悲惨なめにあったことを知った」と印象を語った。また、キューバの現状について、「今年はじめ、新政権を樹立した。国交を継続するよう要請するため、訪れている。経済発展著しい日本とは経済交流をはかりたい。広島県とも交易を進めたい」と説明した。具体的には、キューバで大量生産している砂糖を売り、広島で造られている小型漁船を買い付けたいと申し出た。農業漁業の技術支援も要請した。知事はこれらの要請を受け入れなかった。使節団は同日夜、上り特急「あさかぜ」で東京に向かった。

注

（1）後藤政子編訳『カストロ革命を語る』同文舘出版、一九九五年、二一八～二一九頁

（2）三好徹『チェ・ゲバラ伝　新装版』原書房、二〇〇三年、一五六頁

（3）アルスガライ大使の正式名の原綴は、Mario Alzugaray Ramos Izquierdo。『中国新聞』（一九五九年七月二十六日）の記事では「アルズガル」と記述しているが、日本語の発音としては「アルスガライ」の方がスペイン語の発音に近い。

（4）外務省は、使節団が全日空便で午後一時頃に岩国空港に着く予定であると広島県庁に連絡していたと思われる。この時刻は県外事課ブリーフィングでの「十時に慰霊碑の献花」という話と明らかに矛盾しているが、この時点で筆者が真偽を確かめたかどうかは不明。後述のように、実際の経路については諸説ある。

（5）正式名称は「広島平和記念資料館」であり、「原爆資料館」は通称であるが、本書では主に後者を用いる。

（6）ヴォルフ・シュナイダー、瀬野文教訳『偉大なる敗北者たち』草思社、二〇〇五年、一四頁

（7）フィデル・カストロ、柳原孝敦監訳『チェ・ゲバラの記憶』トランスワールドジャパン、

二〇〇八年、二二八頁
（8）同右、一八四頁
（9）同右、一八五頁
（10）Ernesto Che Guevara, "Recúperese Japón de la tragedia atómica," *Verde Olivo*, 19 octubre 1959.
（11）『文藝春秋』一九六九年五月、グラビア（二八〜二九頁）
（12）実際は豊和工業への訪問は実現しなかった。
（13）35条撤廃、最恵国待遇、片貿易調整、年売買のコミット
（14）三好 前掲注（2）、一九二〜一九四頁
（15）慰霊碑碑文の主語をめぐる論争は数多くあるが、その中の一つが「パル・雑賀論争」である。碑文の文案は広島大学文学部英文学科教授（当時）・雑賀忠義氏によって策定された。「安らかに眠ってください／過ちは繰返しませぬから」の英訳である"Let all the souls here rest in peace; For we shall not repeat the evil"について、極東軍事裁判（東京裁判）のインド代表判事だったラダ・ビニード・パル氏は「[碑文の主語が]日本人をさしていることは明らかだ、それがどんな過ちであるのか私は疑う、ここにまつってあるのは原爆犠牲者の霊であり、原爆を落としたのは日本人ではないことは明瞭だ。（『中国新聞』一九五二年十一月四日）」と批判した。雑賀氏はこれに対して、「広島市民であるとともに世界市民であるわれわれが、過ちを繰返さないと霊前に誓う、これは全人類の過去、現在、未来に通ずる広島市民の感情である良心の叫びである。〝広島市民が過ちを繰返さぬといっても外国人から落とされた爆弾ではないか〟〝だから繰返さぬではなく繰返させぬである〟〝広島市民の過ちではない〟とは世界市民に通じない言葉だ、……（『中国新聞』一九五二年

十一月十一日)」と反論している。(竹村信治「北畠豊彦氏寄託「原爆死没者慰霊碑碑文色紙」(昭和三十二年末～三十三年初頃)解題」『Problematique 文学／教育』六号、二〇〇五年、石田宜子「過ちは繰返しませぬから─碑文論争の歩み」『広島市公文書館紀要』二十号、一九九七年)

(16) 正しくは「二十五日」

(17) 筆者は、一九五九年七月二十六日の中国新聞の記事では「かもめ」としていたが、本書では「あさかぜ」に訂正している。当時の国鉄の時刻表によると、特急「かもめ」は広島駅十五時二分発となっている。記事掲載の翌日、筆者が見口氏に知事会見後の三人の動向を質問したところ「夜九時台の『かもめ』に乗ったのを見届けた」という回答を得ている。二十一時台の広島発上り列車は、二十一時九分発の「はやぶさ」と二十一時三十九分発の「あさかぜ」のみなので、「かもめ」という名称は見口氏の思い違いの可能性がある。なお、三好徹氏は、「[ゲバラ一行は]……原爆病院を訪れたのち、新広島ホテルに泊まった。日帰りを予定していたが、帰りの飛行機が満席だったためらしい。翌朝、見口氏は十時広島駅発の列車にのせるために、それに間に合うように迎えにきた。」と書いている(三好 前掲注(2)、二〇七頁)が、見口氏が三好氏に「一泊して翌朝帰った」という説明をしたとしたら、筆者に語った内容とまったく異なり、矛盾する。

(18) 正しくは「フェルナンデス副団長」

(19) 二〇〇三年、筆者は在日キューバ大使館に写真の郵送を依頼したが、写真が確実にカストロ氏の手元に届いたのかどうかは不明である。

Ⅱ　執拗低音（抗米）、そして高音（反核）の記録

1．親善使節団の出発

一九五九年一月一日、バチスタ大統領がハバナから国外に逃亡した。五三年七月二十六日、二十七歳のカストロをリーダーとする反乱軍＝革命軍がモンカダ兵営を襲撃してバチスタ独裁政権打倒の狼煙をあげて以来、六年間攻防を繰り返した結果、キューバ革命は成就した。

カストロ反乱軍総司令官は、キューバ人民軍総司令官に就いた。

ゲバラ司令官率いる第八軍は一月二日、ハバナに入った。カストロ総司令官は、ゲバラ少佐をカバーニア要塞司令官に任命した。カバーニア要塞は、ルイジアナ領有をめぐる英仏植民地戦争に参戦したスペインが一七七四年にハバナ湾口東側を守るモロ要塞を見下ろすカバーニアの丘に築いた。十七世紀後半にハバナがスペインの植民地支配の拠点になると、ハバナ防備のため巨大な城塞に造りあげられて以来の軍事拠点である。

革命成就から半年後の六月二日、チェ・ゲバラは、アレイダ・マルチと再婚した。ゲバラは、二年前に結婚したペルー人のイルダ・ガデアと長女イルディータをメキシコに残して、グランマ

号に乗り込んだ。イルダとは、再婚する十日前に離婚した。サンタクララの名家の娘アレイダは、反乱軍に加わり、司令部付き秘書となり、ゲバラ少佐の下で働いていた。花嫁は、白のワンピースに真珠のネックレスと花で胸元を飾りつけていたのに、花婿は戦闘服姿だった。

結婚式から八日後の十日、ゲバラは、カストロ首相に親善使節団団長を命じられた。

革命早々で、まだ国内外の諸問題に対処する政府組織の編成と人事が整備されていなかった。在外公館の駐在員の入れ代わりは、時間がかかるとあって、バチスタ政権時代の外交官がそのまま配置されていた。バチスタ政権以来の海外駐在外交官が、革命政権の真意を認識しているとは限らない。といった状況からしてカストロ首相は、本国から直接使節団を派遣して、革命の実相と新しいキューバの在り方を各国に伝えた上で、国交を樹立し、経済再建に必要な経済交流をはかろうとした。

その使命を果たすのは、もっとも信頼できる人物でなければならない。カストロが信頼に足るとしたゲバラの肩書は、要塞司令官である。本来アルゼンチン人医師にして、ゲリラ戦の戦績を積み上げた革命家だ。外交官でもないし、経済の専門家でもない。カストロは、盟友に革命後初めて展開する外交と通商の役目を担わせた。

それだけに、使節団団長には大幅な自由と権限が与えられていた。ゲバラ団長は、ハバナ出発時にはカストロ首相から日本の岸信介首相当ての親書を託されていなかったが、必要であれば東京で団長が書くことを許されていた。

カストロは結婚間もないゲバラ団長に、使節団の旅を「新婚旅行にするよう」促した。新婚の夫婦は、「革命のリーダーは、（旅行）経費を緊縮することを示す必要がある」と新婦を残して旅立つことに固執した。

ゲバラ団長は、ケチ旅行を実行した。訪問先の広島では、新広島ホテルに一泊し、フロントで会計をする際、電話代をめぐって、ゲバラ団長と同行したアルスガライ大使が言い争うのを、案内役の広島県の見口係長が目撃していたと三好徹氏は書いている。見口係長が、外務省に一行の連絡のために外務省大阪連絡事務所にかけた電話代が使節団の勘定に入っていた。ゲバラは、「こんな電話をかけた覚えがないのだから支払えない」とフロントに抗議し、大使は「これくらいはいいではないか」となだめた。ゲバラは「少額でも承服できない」と言い張った、という。(1)

使節団派遣の目的は、まずキューバ革命の実相を正しく各国に伝えることであったが、革命当初、その革命の性格は必ずしも明確ではなかった。

その時期に、アメリカのマルクス主義経済学者、ポール・M・スウィージーとジャーナリストのレオ・ヒューバーマンは、キューバ革命を、こう性格づけた。『マンスリー・レビュー』の共同編集者の二人は、「現代のもっとも独創的で重要な社会変革のひとつを、ひとわたり分析しよう」と一九六〇年三月、三週間キューバに滞在した。分析の結果は、『キューバ——一つの革命の解剖——』として公刊された。

この現代の革命は、「最初の第一歩は、カストロらが『革命は共産党の指導なくしては勝利しない』というドグマにとらわれず逆に共産党の政治方針に対立して出発し」(2)、二十世紀中葉に植民地体制の一般的諸条件の成熟の中で自然発生的に社会変革したことで独創的である。

世界各国の政府関係者、学者、ジャーナリストが、共産党が指導しないで、植民地体制下に自然発生的に起こったキューバの革命像を手探りしていた時期であったため、『キューバ—一つの革命の解剖—』は、注目された。

スウィージーとヒューバーマンは、キューバの社会変革が社会主義化である、と言い切った。

「この社会制度は、全体の輪郭からいって、一般に認められた今日の体制のうちどれに適合するのだろうか。もっと具体的にいうならば、それが封建制度でないのはあきらかであるから、資本主義か社会主義か、どちらかに分類できるだろうか。それともわれわれは、それが、独自の構造と発展法則をもつ、本当に新しく独特なものだと結論しなければならないのだろうか。

(略)

われわれとしては、新しいキューバは社会主義キューバであるとためらうことなくこたえる。」(3)

ところが、その社会変革の先達であるカストロ自身は一九八五年、ブラジルのフランシスコ会修道士フレイ・ベトとのインタビューに応じた際、社会主義体制樹立を設計していたわけではない、と説明した。

ベト─あなたはオルトドクソ党左派だったのではないのですか？

カストロ─私はみんなにはっきり物事を説明していたので、私の考えていることを知っていた者もあり、なかには私を排除しようとする者もあった。共産主義者だと言うものもあった。だが、当面の目標としては社会主義を説いていたわけではない。不正や貧困、失業や高い家賃、農民の追放、低賃金、政治腐敗、全国で繰り広げられる血も涙もない搾取などに反対するキャンペーンを行っていたのだ。それは告発であり、説教であり、綱領であった。国民はそこまできていた。ここから活動を始め、真の革命的方向に導いていかなければならない。

共産党には力があり、労働者への影響力もあったが、孤立していた。私は彼らを潜在的同盟者としてとらえていた。もちろん、共産党員に私の理論の正しさを認めさせることはできなかったろう。実際、そんなことはしなかった。(4)

もっとも、カストロは、ベトとのインタビューで、一九五三年七月二十六日、二十八歳のカストロと百三十五人の青年がキューバ東部のサンティアゴ市のモンカダ兵営を襲撃して、当時すでにマルクス・レーニン主義者であったことを認めている。

ベト─一九五三年にモンカダ兵営を攻撃したグループのなかには、キリスト教徒がいましたか。

カストロ―もちろんだ。宗教を信じているかどうかなど、だれも聞きはしなかった。もっとも、モンカダのときは私はもうマルクス主義思想をもっていたが。

ベト―本当ですか？

カストロ―本当だ。マルクス・レーニン主義の思想形成を終えていた。完全な革命思想をもっていた。

ベト―学生時代からですか。

カストロ―そうだ。大学生のときだ。

ベト―大学で、政治闘争のときですか。

カストロ―大学のとき革命文献に接して、そうなった。(5)

モンカダ兵営襲撃は、フルヘンシオ・バチスタが五二年三月、大統領に就いた翌年、同市の守護聖人サンティアゴの祭日（七月二十六日）だった。「七月二十六日運動」と称される攻撃は成功しなかった。

運動をめざしたものの、襲撃犯として捕らえられ、サンティアゴ裁判所の法廷で被告カストロを弁護した弁護士カストロは「歴史は私に無罪を宣告するであろう」と言い放った。

マルクス・レーニン主義で思想形成していたカストロは、キューバを植民地化し、大規模な投資をしているアメリカの利益とぶつかる内容の陳述していた。大土地所有を制限し、無地・小農民に土地の再分配する農業改革の推進、企業の利益の三〇％を勤労者に還元する所得の再分配、電力・電話会社の国有化、大土地所有制度廃止をうたった一九四〇年憲法を復活し、自由と民主主義を再建するなどという内容である。

アメリカは、トマス・ジェファソン大統領が一八〇九年に、「キューバをアメリカ体制にくみいれられるべき最も興味ある付加物と見なしてきた」と述べていた当時から、アメリカの裏庭であるカリブ海に浮かぶキューバを属領化していた。在キューバのアメリカ大使は、キューバ大統領メーカーとして、キューバ政治を左右した。そのバチスタ大統領打倒を掲げて、革命の口火を切った運動は反米闘争に発展せざるを得ないことをカストロは見据えていた。

革命運動の当初、マルクス・レーニン主義者カストロは、キューバで社会主義革命をしようとしたのではなく、それは、「二十世紀中葉に植民地体制の一般的諸条件の成熟のなかで自然発生的に社会変革」した。その実相を正しく世界中に伝えようとして、「真実報道作戦」と称するキャンペーンを展開した。

スウィージーとヒューバーマンだけでなく、各国から多くのジャーナリストを招待した。革命前の秘密警察員の裁判まで公開して、真実の報道がなされるようはかった。カストロの意図に反して、誤解と偏見にみちた記事とニュースが広がった。

その理由を、カストロは、ベトとのインタビューで説明した。「米国はそれまでの政府とは違

う、あまり従順ではない政府だと、気づき、すさまじい反革命キャンペーンを開始した。」(6)

新キューバの国際的評価が誤解と偏見にみちていた当時、一九五九年六月十二日、チェ・ゲバラ団長と随員五人の親善使節団はハバナを発った。

随員は、次の通り。

オマル・フェルナンデス（副団長。陸軍大尉。広島に同行し、カストロのハバナ大学の後輩で信頼厚い。ゲバラが工業相になると工業相次官となる。）

ホセ・アルグディン（海軍大尉。ゲバラ青年期のボディガード。）

パンチョ・ガルシア・バルス（PSP＝人民社会党員）

サルバドール・ライセカ（ハバナ大学教授。キューバ国営農業開発委員会メンバー。使節団最年長の五十歳）

アルフレード・メネンデス（砂糖経済の専門家）

歴訪するのは、エジプト、シリア、セイロン（現・スリランカ）、インド、ビルマ（現・ミャンマー）、日本、インドネシア、パキスタン、スーダン、ユーゴスラヴィア、ガーナ、モロッコなど主としてアフリカ・アジアの第三世界各国。

このうち、日本訪問の目的は、親善よりも通商に重点がおかれていた。

2．東京から広島へ

羽田到着の翌日、七月十六日、東京でゲバラが行った記者会見を伝えたＡＰ通信は、使節団を“Cuban commercial mission”＝キューバ通商使節団と紹介した。ゲバラ団長が、専ら日本とキューバの通商条約締結・交易について言及した記事仕立てである。

使節団が、旅程を重ねると、「それまでの政府とは違う、あまり従順ではない政府だ」と気づいていたアメリカは、ビルマで使節団に接触をはかった。

「アメリカはすでにチェが何者であるかを知っており、情報部員がぴったり一行をマークしていた。

ホテルにチェをたずねてきたのは、アメリカ大使だった。かれはチェにキューバは革命後どうなっているか、と雑談的に訊いた。そのような質問がなされるだろうことを、チェは予期していたかのように、『アメリカ国務省のメンバーであるあなたは、わたし以上にキューバのことをよくしっているはずです。そんな質問をするまでもない、とおもいますが』とそくざにきりかえした。

THE JAPAN TIMES, SATURDAY, JULY 18, 1959

w Palace nstruction ns Bared

to build new and larger l Palace buildings were l yesterday by the Im- Household Agency.

gency outlined the plans eeting of the Imperial Construction Council.

old buildings were des- in the wartime air-raids. ew palace will have fer- ete, one-story structures, g Japanese and Western tural designs.

l have a total floor area 0 square meters.

also call for the con- n of a 1,000-square- office, a 1,500-square- residence for the Em- d Empress and a 1,320- neter banquet hall for ests.

ouncil adjourned until

ets to Return nese Fishers

Maritime Safety Agency y notified the Soviet es through the Foreign

Ernesto Guevara (right), head of the six-man Cuban commercial mission visiting Japan, was guest of honor at a reception given by Cuban Ambassador Mario Alzugary (center) yesterday at the latter's residence in Tokyo. At left is American Ambassador Douglas MacArthur II.

Tax, Stamp Revenues Show Deficit in '58 Fiscal Year

Tax and stamp revenues in the general account of the fiscal 1958 national budget amounted to ¥1,031,700 million or 0.2 per cent under the initial goal scheduled collection due to the general business recession.

The corporate tax collection totaled ¥308,300 million or 93.1 per cent of the ¥331,100 million

White Paper On Defense Seen in Sept.

The Defense Agency expects to issue Japan's first Defense White Paper around September.

Its purpose will be to bring home to the Japanese people the "importance of national defense in the face of the realities of the present world."

Director General Munenori Akagi of the Defense Agency Thursday ordered his aides to prepare the drafting of the white paper. A special drafting committee is expected to be formed within the agency for the job.

It is Akagi's idea to push public relations activities to gain public support of the Government stand on self-defense. It is the Government's belief that proper power for self-defense is "indispensable for maintenance of the national independence under the prevailing international situation."

The tri-service Self-Defense Forces are regarded an unnecessary waste of the taxpayers' money by some progressive elements in the country.

【写真】(『ジャパン・タイムズ』一九五九年七月十八日、三面)

Ernesto Guevara (right), six-men Cuban Commercial mission visiting Japan, was guest of honor at reception given by Cuban Ambassador Mario Alzugary (center) yesterday at the latter's residence in Tokyo. At left is American Ambassador Douglas MacArthur II.

アメリカ大使が言葉につまり、顔をまっかに染めるのを、フェルナンデスたちは見た。」(7)

アメリカの大使は、使節団が日本滞在中にも、ゲバラ団長に接した。前述したように、ジャパン・タイムズ、一紙だけが、その出会いを、七月十八日付け三面で、二段扱いの写真と写真説明で報じている。

ゲバラ視察団を主賓とするキューバ大使主催のガーデン・パーティは七月十七日、大使館に南北アメリカ各国大公使を招待して開かれた。

そこで、アメリカの駐日大使マッカーサーが、ゲバラ団長に語りかけた。

「『革命がすんでまだいくらも日がたっていないのに、あなた方がこのように外国に使節団を送れるなんて、じつに素晴らしいことだが、自分たちは不思議に思える』

チェはぬかりなく答えた。

『革命はたしかに成功した。こうして革命後早々に使節団が外国に出られるのも、国民がわれわれを全面的に信頼してくれるからである』」(8)

日本の外務省も、ゲバラをマークしていた。使節団がハバナを旅立つのに先立って、ハバナの駐日大使館から外相当てにゲバラ団長の〝手配書〟が発せられた。

「団長ハ極左的思想ノ持チ主。共産主義者デアルコトヲ否定シテイルカストロ首相ヘノ影響ハ甚大」

使節団は、インドのカルカッタに立ち寄った際、日本大使館を訪ねた。日本訪問の日程とカストロ首相から岸信介首相への挨拶を伝え、日本と新キューバが国交樹立をはかりたい旨を申し入れた。申し入れは、大使館から藤山外相への七月十一日付け公電で送られた。

使節団が東京滞在中、岸首相はイギリス、西ドイツなどを訪問していた。アメリカに好ましかざる人物と目されていたキューバ使節団長ゲバラと翌年、六〇年日米安保条約改定を強行した岸首相とはすれ違い、会談は実現しなかった。

戦闘服姿のゲバラ団長ら使節団は、七月十五日午後九時十五分、羽田空港に降り立った。

キューバ使節団の来日を伝えたのは、前述のとおりジャパン・タイムズだけである。

アルスガライ駐日キューバ大使が、一行を出迎えた。アルスガライは、カストロと同業の弁護士出身で革命後の一九五九年二月、革命政府に大使に任命された。前任の外交官のホセ・ガルシア・モンテス大使は、バチスタ派。五八年秋に一時帰国し、バチスタ政権が崩壊すると、グアテマラに亡命した。

使節団は、在カルカッタ日本大使館を通じて、日本滞在中「昼夜兼行でもいい。できるだけ国内を回りたい」と申し入れていた。希望する訪問先は、主として経済関係省庁幹部者と企業。

昭和三十一（一九五六）年の『経済白書』で、「もはや戦後ではない」とうたった日本経済は、ゲバラ使節団が来日した当時、戦後復興期から経済高度成長期を迎えていた。この各国歴訪から帰国後、国立銀行総裁、それから工業相に任命されるゲバラが、日本経済の状況を把握していた。

来日した翌日、十六日に記者会見、十七、二十一日に外務省経済局長、米州局長らと通商協定交渉、二十二日に池田勇人通産相と会談を相次いで行った。いずれの席上でも、ゲバラ団長は、キューバ砂糖の輸入国である日本が砂糖の買い付けを増大するよう要請するとともに、キューバの工業化政策を進めるため日本製の機械、工業製品を輸入したい、と強調した。

中でも、執拗に砂糖を売り込んだ。砂糖モノカルチャーが形成されているキューバ糖のうち、九〇％がアメリカに輸出されていた。その生産の主力は、アメリカ資本の砂糖農場であった。キューバ革命政府が農地改革を進めれば、アメリカの砂糖農場・精糖会社は打撃を被る。アメリカ政府は報復として、キューバ糖の輸入禁止措置をとることが予測される。それに備えて、大口輸出先のアメリカに振り替えられる輸出先を開拓しよう、と懸命だった。

ゲバラが十六日行った記者会見を十七日付けの紙面に掲載したのは、前述した大阪本社発の産業経済新聞の最終版（十五版）とAP通信の特約記事を載せたジャパン・タイムズの二紙・二版だけである。この二本の記事からも、ゲバラ使節団が日本に対しては、「通商」使節団としての役目を果たそうとしたかがうかがえる。

産業経済新聞を含めて東京発行の各紙、共同通信、時事通信の配信原稿を掲載する各地方紙は、いずれもゲバラの会見を取り上げなかった。

産業経済新聞大阪本社発行の最終版だけが、二面に「プリンス・ホテルで記者会見するゲバラ少佐」の写真を付けた二段扱い、三十六行の記事を載せた。

「『貿易を拡大したい　来日のキューバ通商使節団』
一五日来日したキューバ革命軍少佐エルネスト・ゲバラ氏ら親善通商使節団は一六日午後七時、東京麻布のプリンス・ホテルで記者会見を行ない、次のように語った。
ゲバラ少佐はカストロ首相の首席顧問で、革命当時サンタ・クララ市攻撃軍司令官として活躍した。このほどカイロ訪問の帰途、日本に立ち寄ったもの。
一、日本に来たのは通商条約を結ぶための下調べもあるが、主要産物である砂糖、コーヒー、タバコ原料、各種鉱石、クツを輸出し、日本からは雑貨そのほか重、軽工業品の輸入をいますぐにもはかりたい。
一、日本と通商条約が結ばれた場合、繊維品を除く全品目について最恵国待遇を与えることになろう。日本からの繊維品輸入は、日本政府が砂糖に対する不当な課税を引下げれば考慮するつもりだ。
一、キューバ開発のためには外国からの借款も必要で、日本政府の協力が得られれば工場などの施設も考えられる。またキューバ政府の管理権が確保される限り合弁会社設立も歓迎する。
一、キューバにはなお十万人の失業者がおり、当分日本からの移民は考えられないが、教育関係者の滞在や視察団の受入れ、キューバ国内旅行などの面ではあらゆる便宜をはかっている。

なお一行は二五日まで滞日。」(9)

ジャパン・タイムズは、二面に長文九十一行の記事を掲載した。やはりゲバラが言及した日本―キューバの通商条約締結、交易の条件、キューバの経済事情に終始した記事内容で、この記事に関する限り、革命後の新キューバが抱える政治、外交、社会問題には触れていない。日本とキューバとは、実益を伴う経済交流こそが親善という謂いであろう。

ジャパン・タイムズは、日本滞在中のゲバラ使節団の動静を報じただけではない。ゲバラらがキューバを離れている間に、本国で政変が起こったニュースを使節団一行に伝えた。
七月十八日、カストロ首相辞任。

Japan-Cuban Projects Welcome, Guevara Says

By the Associated Press

Cuba wants Japan to build industrial factories in Cuba on a long term payment bas is the chief of a Cuban commercial mission visiting here said yesterday.

The six-man delegation heated by Cmdr. Ernesto Guevara, special envoy of Premier Fidel Castro, arrived in Tokyo Wednesday night for a 10-day visit to Japan.

Guevara told a news conference the mission plans to meet with Japanese Government leaders and also inspect Japanese factories.

"We do not loans," the bearded revolutionary leader said "but we are interested in having factories established by Japan on terms of deferred payment. Our new government would encourage joint Japanese-Cuban projects for such purpose."

Japan's deferred payment formula being applied to various nations means cash payment of about 20 percent of the deal and settlement of the rest of the account through installment payment over 15 to 20 years.

Japan-Cuba trade has been lopsidedly in favor of Cuba during the past several years.

Japan has been buying annually some $ 50 million of sugar from Cuba and sold some $5.500.000 worth of plywood, ceramics, porcelain ware, iron and steel products, sewing machines, toys and textiles.

The two nations having failed to reach an agreement on a normal trade pact to replace the provisional one signed last year, extended the provisional pact six months beginning July 1.

"One of the main purposes of the mission is to start serious conversations for a formal treaty."Guevara said. "The new revolutionary government is making a special study of what to buy. We can buy some products like minerals, shoes and others if the prices are competitive and if they are determined suitable to our demands."

Guevara added his government will extend the most favored-nation treatment to Japan goods in a formal Treaty.

Guevara, however, indicated exception made on Japanese textiles contained in the current provisional agreement would remain in the new treaty. "Most countries having their own textile industry are doing the same thing."he said.

Guevara said Cuba will not accept any immigrants"so long as we 700.000 unemployed people or one of Cuba's working force."

"However , if Japanese farm, fishery and industrial technicians are willing to come and help us, our doors are always open to them."Guevara added.

Guevara today will meet with Foreign Minister Aiichiro Fujiyama and Minister of Trade and Industry Hayato Ikeda.

『ジャパンタイムズ』一九五九年七月十七日、二面の記事内容革命政権が打ち出した大土地所有を禁止した農業改革に反対する上流・中産階級が、マヌエル・ウルチア大統領にカストロ首相を排斥するよう働きかけた。農民に支援されて革命を成就させ、農業改革を革命の基盤とするカストロと、上流・中産階級に属するウルチア大統領は対立した。ウルチアは、カストロら革命派に推されて大統領になっていたが、大統領の下に在るカストロ首相は、大統領を解任するわけにはいかない。カストロは、逆手をとって首相を辞任する術策をとった。

ゲバラは、宿泊していた東京・麻布のプリンス・ホテルで「カストロ首相辞任」をジャパン・タイムズの紙面で目にした。すぐさまハバナに国際電話をかけた。同時に、使節団の一行を集めて帰国準備をするよう指示した。

国際電話は三時間かかって、フィデル・カストロの弟のラウル・カストロにつながった。ラウルはゲバラに、「こちらは、問題ない。旅をつづけてもいい」と告げた。

カストロ首相辞任の報が、キューバ国内に流れると、ハバナの革命広場を中心に、デモ行進や集会が相次いだ。大群衆は、ウルチア大統領辞任とカストロ首相復帰を要求するプラカードを掲げて、大統領官邸を取り囲み、「くたばれ、ウルチア」を叫んだ。

孤立したウルチア大統領は、革命政府に辞表を送った。革命政府は、ウルチアに代えドルチコス大統領を選び、カストロは首相に復帰した。

ゲバラら一行は本国と連絡をとりながら、予定通り各国歴訪をつづけることになった。

日本滞在中、日程を昼夜兼行でこなした。

十六日、都庁に東知事を表敬訪問。夕方、記者会見。

十七日、外務省を訪問し、藤山愛一郎外相に表敬、牛場経済局長と会談。キューバ大使館で南北アメリカ大公使を招待してガーデン・パーティ。

十八日、キューバ本国で、カストロ首相辞任の政変。カストロ側近と連絡し合う。

二十一日、農林省を訪問し、福田越夫農相と会談。外務省で外務、大蔵、通産、農林各省の経済通商担当官と通商協定について交渉。

二十二日、帝国ホテルで池田通産相と貿易について会談。

二十三日、西下。トヨタ本社・工場、新三菱重工名古屋製作所を訪問・視察。

二十四日、大阪到着。久保田鉄工堺工場、丸紅飯田、鐘紡を訪問。夕方、コクサイ・ホテルで大阪商工会議所主催「キューバ通商使節団」歓迎パーティ。

二十五日午前、川崎ドックを視察。神戸オリエンタルホテルで繊維業者と懇談。

キューバ大使館が外務省に通告し、同省が認知しているゲバラ使節団の行動計画では、一行は二十五日午後には、東京に引き返す予定であった。

予定変更。一行のうち、ゲバラ団長はさらに、西の広島に向かったのである。フェルナンデス大尉が行動を共にした。外務省との連絡役のアルスガライ大使も二人につき従った。

大使は、予定変更を外務省大阪連絡事務所に伝えた。同事務所は広島県庁に、キューバ使節団の団長ら二人と駐日大使が予定を変更して広島を訪問するので、対応するよう連絡した。

ところが、キューバから日本にやって来た使節団長ゲバラと駐日大使アルスガライにとっては、広島訪問は予定の行動であった。ジョン・リー・アンダーソンは、大部の著書『チェ・ゲバラ―革命的生涯―』(10)に、ゲバラとアルスガライが東京に到着早々、広島訪問をめぐって、言い争い、ゲバラが広島へ行く決意をした経緯を明かしている。

アルスガライ大使は、訪日最初の行事は、無名戦士の墓に詣でて献花する予定だ、と告げた。アンダーソンは、著書にその墓を特定していないが、外務省が設定した行事予定というから、使節団が訪日した一九五九年に完成した東京・千代田区の国立無名戦没者の墓（千鳥ケ淵墓苑）であろう。政府が第二次世界大戦中、海外での戦没者の遺骨三十三万柱を収集し、靖国神社から徒歩五分の地に建立した墓苑。

ゲバラは、激しく拒否した。「そんなことはしない！　そこは、何百万人ものアジアの人々を殺した帝国主義軍隊の墓だ。……だから私は行かない。私は、アメリカ人が一〇万人の日本人を殺した広島へ行く」。(11)

ゲバラは、日本が第二次世界大戦で抱えた加害者と被害者の両面をにらんでいた。アジアを侵略した帝国陸海空軍の加害者の側面とアメリカが投下した原爆被害者になった広島・長崎の側面である。その焦点を被害者・広島に当てた。日本政府が設定した加害者に花を捧げる行事を拒否し、自ら思い立った被害者である広島の原爆慰霊碑への献花を、実現しようとしたのである。外務省と接触する役柄の大使は、反論した。「それは、できない。［無名戦士の墓詣では］日本政府当局が組んでいるのだから」。

ゲバラは、さらに大使に言い返した。「それは君の問題だ。私の問題ではない。君は私の許可なくそれを了承したのだから、今すぐ行って取り消してくれ！」。(12)

ゲバラと大使とのやりとりからうかがえるが、使節団の日本到着早々に広島を訪問したい旨を外務省儀典課に伝えた、とゲバラ団長とともに広島を視察したフェルナンデス大尉が語ったことが記録されている。(13)

ゲバラの足跡を丹念にたどった『チェ・ゲバラ伝』を著わした三好徹氏は、ハバナを訪れ、日本滞在中の模様を聞き取った。広島訪問の経緯を次のように述べた。

「……フェルナンデス大尉はつぎのようにいう。『わたしたちは、日本に着いた日のはじめから、広島に行きたいと儀典課に申し入れた。しかし、日本がわがいやがっているような印象をうけたので、三人で夜行の切符を買ってこっそり行った。広島に着いたのは、夜の明けるころで、これははっきり覚えている。飛行機では絶対ない。駅からタクシーでホテルへ行った。そこで部屋をとり、顔を洗ったりしたけれど、泊まりはしなかった。また、原爆資料館のほかに、銀行の前に原爆で死んだ人影が残っているところも見た。帰りは、やはり汽車で大阪まで行

き、そこからほかの連中といっしょに東京へ戻った』」。(14)

フェルナンデス発言によると、外務省はゲバラが広島訪問の意向をもっていることを承知していた。具体的な日程を明かすと、足止めされることが懸念される。広島に向かう直前まで日程を伏せて、本省にではなく、大阪の外務省の出先事務所に通告するという細かい芸を演じて、広島に向かった。

大阪から広島までの道筋だが、二説ある。

フェルナンデスの記憶によると、夜行列車を利用して、明け方に広島着。

筆者（林）が、ゲバラ一行を案内している見口・県庁外事係長から聞いた記憶では、大阪─岩国間空路、岩国─広島間は県庁差し回しの県公用車。

筆者は、七月二十五日、平和記念公園の原爆慰霊碑近くの木陰で、一行が車を乗り入れてくるであろうと、待ち構えていた。ところが、ゲバラ団長らは、当時公園内にあった新広島ホテルのドアを押して現われた。

筆者は、顔なじみの見口係長に問いかけた。「いつ、どうやって来たのですか」。見口係長は「飛行機です。一時間ちょっと前に岩国に着きました。迎えに行ってきたところです」。

当時、岩国空港はアメリカ空軍と日本民間航空との軍民共用だった。戦闘服姿の二人を目にして、反射的にたずねた。「アメリカの基地を見るためですか。」「アメリカの空軍基地とは知らなかったでしょう。時間の都合で飛行機にしたのでしょうよ。」

後年、見口係長からも聞き取りをした三好徹氏は、大筋では見口氏が説明した大阪―岩国間空路説によって『チェ・ゲバラ伝』を書き進めている。だが、同書の「注」では、当時の新広島ホテルの記録によると、「一行は二十五日午前の早いころから同日の夕刻まで三七三号室に滞在した。フェルナンデス大尉の方が正しいと思われるが、日本がわの広島県庁の記録や見口氏の証言を否定する根拠もないので、本文中は日本がわの資料によった」[15]としている。

日本滞在中、日程の多くを通商使節団長として費やしながら、その合間をやりくりし、また外務省のマークをかいくぐって、念願の広島にたどりついたゲバラは、被爆地で何を見聞きしたか。

3.『原爆の悲劇から立ち直った日本』

一九五九年六月十二日、ハバナを発ったゲバラ団長ら親善使節団六人は、キューバの共産党・政府の指導者は折りにふれて、テレビを通じて、国民に話しかけるという慣行にしたがっている。親善使節団長のゲバラの帰国報告も、テレビ・スタジオで行われた。そのテレビ報告会には、当時の神田駐キューバ日本大使、片岡孝三郎参事官も招かれていた。三好徹『チェ・ゲバラ伝』には、片岡参事官から聞き取ったというゲバラが広島訪問について語ったくだりが記録されている。

「ゲバラが、この報告会で、『第二次大戦のときは、自分はまだハイスクールの学生だったが、日本の帝国主義的侵略には憤慨していたものだった。それで日本が原爆によって日本が降伏したと聞いたときは快哉を叫んだものだった……』といったとき、司会者が『日本の大使が会場にきている』といって視聴者に紹介した。

ゲバラは、このときまで神田大使が出席していたことを知らなかったらしく、ここで語をついで、『……快哉を叫んだものであったが、しかし』と続けた。つまり、『しかしこんど広島を訪れてみて、戦争というものの悪、原爆の残虐さをつくづく痛感し、これを使用したアメリカに憎しみを感じた』とつけ加え、日本の工業力などに称賛の言葉を送った。この、つなぎの鮮かさに、頭のいい男だなと感じたのをよく覚えている」(16)

ゲバラは、原爆資料館で独り言のように吐露した原爆に対する実感「残虐さ、残虐さをもたらしたアメリカへ憎悪」を、こんどはマス・メディアを使って、キューバ国民向けに告知した。ゲバラは、原爆慰霊碑前では、見口係長の説明をただ黙って聞いていた。原爆資料館を見学している間、寡黙だったが、そばに付き添っていた見口係長は、一言聞いたと、記者に告げてくれた。その一言「君たちは、アメリカにこんなひどい目に遭わされて、怒らないのか」。

ゲバラは、帰国後、革命軍機関誌『ベルデ・オリーボ』（一九五九年十月十九日）に「原爆の悲劇から立ち直った日本」(17)という論文を載せた。

「(略)われわれは、この島国のほんの一部の地域の工場を訪問する中で、この国の工業力の活気強さを認識したが、同時に、この国がアメリカの支配下にあることも一目瞭然だった。かつて日本の武士たちは自らの軍事的名誉が損なわれると切腹し、近年の兵士は、アメリカの戦艦に突撃する特攻機の中で、口に微笑みを浮かべて死んでいったものだが、今や外国によって海岸線と主権が守られ、自国が外国によって占領されているのを見ているのだった。同時に、この領土から核兵器で近隣諸国が脅かされているのを観察している。誰よりも核兵器の脅威を知っているこの国は、核ミサイルを向けられている対象国から報復されることがありうることを確証している。そして、夜が明けると、何かの過ちやこの国を占領している者たちの意図的な決定により、核ミサイルの雨が降り注ぎ、核爆発で即死するか、爆発の熱線により、ゆっくりとやけどや後遺症によって死んでいくかもしれないという恐怖を感じるのである。

驚くべきことは、広島と長崎に原爆が投下されて十四年たった今年になっても、その後遺症で百六名もの方々が亡くなっていることだ。われわれが殉教の地を訪れたとき、この町は、完全に再建されていた。セメントの棺台［原爆慰霊碑］は同じ材料でできた円蓋に覆われ、その向こう側には、爆弾が落とされた建物の廃墟［原爆ドーム］が見えた。棺台の中には姓名の判明した被爆死没者七万四千人のすべての氏名が納められている。……火炎地獄の中でこれほどの命が消滅するのを見た人たちのやり場のない怒り、絶望。

慰霊碑に併設されている原爆資料館では、胸が引き裂かれるような場面を見た。それは、あの暗黒の戦争の日々だけではなく、ビキニ環礁で行われた水爆実験で被爆した日本の漁船員のことにも及んでいる。広島ではすべてが新たになった。すさまじい原爆の後、再建されている。だが消し去ることのできない悲劇のしるしは、この町の上にも、以前あった場所に建てられた新しい建物の中にも漂っている。広島は、［過去とは］継続していないと言える。この町が死から再生したのだと断定するのは、とてもできないと感じられた。（略）」

ゲバラの家族、同僚または、彼の伝記を書いた人々は、ゲバラの広島訪問をどう描いているのだろうか。

ゲバラの妻アレイダ・マルチは、『わが夫、チェ・ゲバラ』の中で「今日は広島から送ります。原爆の町です。このドームのなかには七万八千人の死者の名が刻まれています。……平和のために断固として叶うには広島を訪れるのがよいと思います。」[18]という夫の手紙の文面を紹介している。

これに対して、母と同名の娘アレイダは、二〇〇八年五月十六、十七日に広島を訪問し、「（父から聞いた）はっきりとしたヒロシマの感想、印象の（話の）記憶は少ない。（覚えているのは）『ベルデ・オリーボ』と『妻への手紙（上記）』くらいである。」[19]と語っている。
広島に同行したオマル・フェルナンデスは、二〇〇七年九月十日に放映された広島ホームテレビ制作の『炎の記憶―原爆の残り火をキューバへ』の中で次のようなことを語っている。

「街はすべて破壊されていたと思っていたが、（原爆投下から）十四年しかたっていないのに、完全に復興していた。……原爆資料館で見たものは、ただ恐ろしいものばかりだった。原爆の残忍さと苦しみに思わず何も言えなくなった。そのとき、チェは言った。『これからは広島を愛していこう。広島の人々を愛していこう』。私もまさにその通りだと思った。……帰国後は記者会見があった。原爆投下はアメリカの犯罪だ。アメリカが引き起こした惨劇、つまり、われわれが見たのと同じものをあなたたちも見に行くべきだと話した。記者会見の前にカストロ議長にも報告に行って、チェは広島訪問をすすめた。議長はこう言った。『君たちの報告を聞いて不思議でならない。どうして広島に原爆を投下する必要があったのか。落とす必要は無かったのではないか。』と。」

ジョン・リー・アンダーソンは、『チェ・ゲバラ―革命と人生―』の中で、ゲバラは、「外務省の設定した日程でない広島訪問であり、大使は外務省の心象を損ねるのは得策でないと反対したが、アメリカが多数の人を殺した広島へ行くことは重要だ。」[20]と考え、「敵の姿形を視野に入れて戦うゲリラ戦の指揮者が、それとは対照的な攻撃目標をみることもなく原爆投下のボタンを押す大量破壊兵器の犠牲者になった最初の地＝ヒロシマを目に収めたかったのであろう。」[21]と推測している。

ゲバラは決して「核廃絶論者」ではない。ヴォルフ・シュナイダーの『偉大なる敗北者たち』では、ゲバラが十月危機（キューバ危機）のとき、英国のジャーナリストに「キューバに核兵器の行使権があれば核ミサイルを発射したであろう。」[22]と発言したことが書かれている。

ゲバラは、「原爆資料館では、胸が引き裂かれるような場面を見た」と述べた。

親善使節団は、広島では声高に「反米・反核」について語らなかった。キューバ新政府の親善使節としては、国交継続維持を最優先課題として、日本政府に接していたので、アメリカと同盟関係にある日本政府を刺激することを避けようとしたからである。新聞記者に対して強くアメリカ批判をして、新聞に載ることがないように配慮した。筆者が使節団の傍らを離れているとき、ゲバラは見口係長に慰霊碑の碑文について質問をした。

「『過ちは繰り返しませぬから』という碑文には、なぜ主語がないのか」。

碑文に対する疑問を質す形で、「君たちは、アメリカにこんなひどい目に遭わされて、怒らないのか」と資料館の展示物を見ながら問いかけたのではないか。

「君たちは、アメリカにこんなひどい目に遭わされて、怒らないのか」という一言は、原爆資料館で見た「胸が引き裂かれるような場面」と、慰霊碑前で聞いた碑文の訳が即応して、はき出されたものだろう。碑文「過ちは繰返しませんから」には、主語がない。「過ち」の責任が誰か指摘してない。ゲバラは、ライフルで、アメリカが支援する政府軍と戦った。引き続き核兵器を大量に保有するアメリカに制圧されているキューバ政権の担当者の一人として、アメリカに「過ち」の責任を問う。主格であるべき日本人は、キューバ人と連帯して、アメリカの核政策を怒ろう、という思いの発露だろう。

注

（1）三好 I章注（2）、二〇七頁
（2）L・ヒューバーマン、P・M・スウィージー、池上幹徳訳、『キューバ――一つの革命の解剖――』岩波書店、一九六〇年（原書は、Leo.Huberman, Paul.Marlor.Sweezy, “Cuba: anatomy of a revolution”, New York, Monthly Review Press, 1960.）
（3）同右、一二八頁
（4）後藤 I章注（1）、一二四頁
（5）同右、一一五頁
（6）同右、一五三頁

（7）三好　Ⅰ章注（2）、一八五頁
（8）同右、一九五頁
（9）『産業経済新聞』一九五九年七月十七日、二面
（10）Jon Lee. Anderson, "*Che Guevara : a revolutionary life, 1st ed.*", New York, Grove Press, 1997.
（11）*ibid.* p.431.
（12）*ibid.*
（13）三好　Ⅰ章注（2）、二一二頁
（14）同右、三五〇～三五一頁
（15）同右、三五〇頁。時刻表によると、一九五九年七月時点での岩国空港着の民間機は十三時二十分（発時間）の全日空六十三便のみである。飛行機での広島入りは、「朝十時の原爆慰霊碑献花」というスケジュールと符合せず、フェルナンデス大尉も「夜行列車に乗って早朝に広島に着いた」という証言をしているため、筆者は県庁側の飛行機説ではなく、列車説（特急「玄海」と推論）を採用している。
（16）同右、二一二～二一三頁
（17）Guevara, *op.cit.* chap.I（10）（日本語訳は著者、編者による仮訳）
（18）アレイダ・マルチ、後藤政子訳『わが夫、チェ・ゲバラ―愛と革命の追憶―』朝日新聞出版、二〇〇八年、一五四頁
（19）「父の足跡たどり被爆地へ　ゲバラの長女アレイダさん」『朝日新聞』二〇〇八年五月十七日、広島版、二十八面

(20) Anderson, *op.cit.* p.431.
(21) *ibid.*
(22) シュナイダー Ⅰ章注(7)、一八頁

【概説1】 キューバ革命と核問題

《キューバ革命からプラヤ・ヒロンまで》

フィデル・カストロは一九二六年にキューバ・ビランで生まれた。父はスペイン移民だったが、フィデルたち七人の子どもが生まれた頃のカストロ家は裕福な地主になっていた。少年時代は弟・ラウルとともにイエズス会系の学校で学んでいる。彼がのちに修道士のフレイ・ベトと対談し、一九八三年に『フィデル・カストロと宗教』(後藤政子訳『カストロ 革命を語る』同文舘出版、一九九五年)を出版したり、二〇一五年にフランシスコ教皇の仲介でアメリカと和解したのも、少年時代に修道院学校で接したカトリックに対する親近感が遠因となっているからではないかとも言われている。一九四五年にハバナ大学法学部に進学したが、当時のラテンアメリカは各地で革命運動が頻発しており、学生だったカストロもドミニカやコロンビアの紛争に関わっている。大学卒業後は弁護士となり、ホセ・マルティ思

想に基づくキューバ人民党（オルトドクソ）に入党し、政治活動を開始した。バチスタ独裁政権打倒のため一九五三年七月二十六日にカストロ兄弟を含む百六十五人がモンカダ兵営を襲撃するが、失敗。フィデルとラウルは逮捕され収監されるが、恩赦で釈放され、メキシコに亡命した。カストロ兄弟とゲバラとはメキシコで出会った。

エルネスト・ゲバラは一九二八年アルゼンチン・ロサリオで裕福な建築業者の息子として生まれた。カストロ家とは違い、ゲバラの両親は教会からは縁遠かった。ゲバラは子どものときから重い喘息に悩まされていたが、ブエノスアイレス大学医学部に入学後、友人とともに南米中をオートバイ旅行した。大学卒業後も放浪を続け、アルベンス（Jacobo Árbenz Guzmán）政権下で民主化が進むグアテマラに一時、定住した。しかし、アルベンス政権がアメリカ系企業の接収政策を打ち出すと、アメリカは反革命軍によるクーデターを支援した。アルベンス政権は打倒され、ゲバラもメキシコに亡命した。グアテマラの反革命事件を経験したゲバラは、ゲリラ戦による反帝国主義・反米運動に覚醒するようになった。

メキシコシティでカストロ兄弟と出会ったゲバラは、彼らの思想に共感したが、キューバ革命成功後は祖国アルゼンチンを含めラテンアメリカ全体の解放運動に戻る自由を与えられるという約束の下でキューバ革命に参加した。一九五六年十二月、カストロに率いられた八十二人の革命軍兵士は十人乗りのボート「グランマ」（のちのキューバ共産党機関紙の紙名はこれに由来する）に乗り込み、キューバに上陸。その後、シエラ・マエストラ山脈に潜伏して、ここを拠点にゲリラ戦を繰り広げた。一九五八年十二月にサンタクララで政府軍を撃破し、一九五九年一月にはカストロたちがハバナに入城して、キューバ革命は成功する。革命直後はゲリラ兵士ではない法律家のマヌエル・ウルチアとホセ・ミロ・

カルドナが大統領、首相の座についたが、保守的なカルドアはまもなく辞任し、フィデルが首相となった。同年七月には共産主義思想に傾倒しているラウルやゲバラをウルチアが嫌って、カストロたちと対立し、大統領を辞任した。後任の大統領にはカストロの戦友・オスワルド・ドルティコスが就いた。ゲバラが通商親善使節団の団長として、アジア・アフリカ・東欧を歴訪していたとき、本国キューバでは内部抗争が起きており、来日中のゲバラがラウルに視察旅行を中断して、帰国した方がよいのかとラウルに尋ねたのもそのためである。

帰国後、ゲバラは国立銀行総裁に就任した。革命政権の下、キューバの農地改革と産業国有化が進み、アメリカ系石油企業の国有化に着手すると、アメリカ政府は経済封鎖を断行し、一九六一年四月に亡命キューバ人を含むアメリカの傭兵隊がプラヤ・ヒロン（ピッグス湾）に上陸し、侵攻したが、キューバ側の猛反撃に会い退却した。カストロはプラヤ・ヒロン事件後、初めてキューバ革命が社会主義革命であると宣言した（「キューバ共産党」は一九六五年に再結成され、その後二〇一一年までカストロが共産党中央委員会第一書記をつとめた）。

《十月危機（キューバ危機）》

一九六一年十月、ゲバラは工業相に就任したが、アメリカによる経済制裁のため、キューバ経済は悪化の一途をたどっていた。一九六二年にはキューバは米州機構からも除名された。プラヤ・ヒロン事件のあともアメリカ侵攻の脅威は去らず、キューバはソ連の援助に頼るようになっていた。当時、アメリカは西欧やトルコに核ミサイルを配備し、ソ連を包囲していたため、フルシチョフはその対抗策として、キューバにミサイルを配備することを思いついた。フルシチョフからの提案を受けたフィデル・カストロはラウルとゲバラと相談の上、ミサイル配備計画を了承した。ソ連は、キューバのミサイル基地は抑止のためであり、これにより実際に核戦争がぼっ発することはないと想定していた。ところが、アメリカのU2偵察機がミサイル基地を発見したことにより、米ソの対決は本格化した。一九五九年七月の訪日の際、広島で原爆の威力の凄まじさを実感していたゲバラと彼からその報告を聞いていたカストロたちは、広島で起きた悲劇が自国に起こりうることを予想したであろう。しかしアメリカへの対抗心がその恐怖を上回った。

だからこそ、フルシチョフがカストロに相談もせず、ケネディとの直接交渉でミサイルを引き上げることを決定したと聞いたとき、カストロは激怒せざるを得なかった。カストロはフルシチョフに対して、「われわれキューバ人は核戦争が起きたら全滅することは承知の上だったが、それでもミサイルの撤去や譲歩は望まなかった。キューバは核戦争を望んでいたわけではないが、侵略が迫っていたら、戦争はどうやって防止できるというのだろうか。」という抗議の書簡を出した。ソ連はミコヤン副首相を派遣して、カストロやゲバラたちの説得に当たった。ゲバラは「ソ連の態度に極めて困惑している。」と不満をぶちまけたが、フィデルはしぶしぶ、ミコヤンの説明を受け入れた。キューバからのミサイル撤去と引き換えにソ連側の要望だったトルコのミサイル撤去は実現された。しかし、キューバがミサイル引き上げの条件として挙げていた「経済封鎖の中止」「グアンタナモ基地の撤去」「キューバ領内での空中・海上査察の中止」などの五項目はどれも取り上げられなかった。

核戦争は回避されたが、十月危機（キューバ危機）後、ソ連への幻滅感が広がった。ソ連との関係が冷え込むと、中国との接近がはかられた。毛沢東流のゲリラ戦による武装闘争路線はキューバの革命観とも近く、中国との友好関係は一見、うまく行きそうに思えたが、中国にはキューバの砂糖輸入を受け入れる余地がなく、一方、キューバは中国から米の輸入を強制されそうになり、経済的な利害が合わないことから、両国の関係は深まらなかった。

米ソ中のいずれとも、関係がぎくしゃくしていたキューバは、アフリカや同じラテンアメリカの革命運動との共闘へ向かい始めた。一九六五年二月にアルジェリアで開催されたアジア・アフリカ人民連帯機構会議に出席したゲバラは、ソ連が発展途上国の原料を資本主義国と同様に市場価格で購入していることを批判し、「先進国と開発途上国という二つのグループ国家の間にこのような関係をつくりあげようというのであれば、ただそれが社会主義国家であったとしても、ある意味では帝国主義者の搾取の共犯者だと認めねばなるまい。」と述べた。

あからさまにソ連を批判したゲバラは、二ケ月後、閣僚の地位を辞し、有名な「別れの手紙」を残してキューバを去った。それはキューバ革命前のカストロとの約束（ラテンアメリカの解放運動を再開する）の履行のためでもあった。最初は民族解放運動の支援のため、コンゴに渡ったが、まもなくヨーロッパ経由でキューバに戻り、ボリビアでのゲリラ活動に身を投じた。ソ連派のボリビア共産党の支援を受けることができないまま、ＣＩＡとボリビアの軍事政権に追い込まれ、ゲリラ革命の英雄・ゲバラは一九六七年十月に拿捕され、射殺された。

一九六四年のフルシチョフ失脚後もソ連との関係は冷え切ったままで、キューバ経済はますます困難な状態に陥っていた。ソ連との関係が改善したのは、皮肉にも一九六八年の「プラハの春」事件がきっかけである。中国が「社会帝国主義」と呼んでソ連を徹底的に批判したのに反して、キューバは、他国へ侵攻し、主権を侵すことは認められないが、社会主義に反することは帝国主義を利することになり、これに賛成することはできないとして、ソ連の行動を容認した。その結果、ソ連とキューバの関係は改善の道をたどり始め、一九七〇年代にはコメコンにも加盟した。また、第三世界との関係もゲリラ活動の支援だけではなく、現存政権との正式な国交という形で交流を持つようになった。ベトナム戦争に手を取られていたアメリカも核兵器制限交渉を通じて、ソ連との関係を悪化させたくないという思惑もあり、キューバに対する露骨な軍事的侵攻作戦は控えるようになっていた。

Ⅲ　カストロの日本訪問

1. カストロの外遊

　非同盟諸国会議は、一九五〇年代の東西冷戦を背景に、第三世界各国を中心に二十五ケ国で発足した。その第一回首脳会議が一九六一年九月一日から六日間、ユーゴスラヴィアのベオグラードで開かれた。首脳会議に先立って、六月五～十三日、エジプトのカイロで準備会議を開き、非同盟国の基準を定めた。

　基準によると、非同盟国とは、以下の条件を満たす国を指す。

①異なった政治的・社会的・イデオロギーの下にある国々との間に平和的共存に基づく自主的な政策を遂行する。

②民族解放運動を無条件で指示する。

③冷戦に巻き込まれるような、いかなる多辺的軍事ブロックにも加わらない。

④東西紛争に関わりのあるいかなる双辺的軍事条約も結ばない。

⑤以上のような軍事条約による外国の基地を自国領土内に置かない。

キューバは、これらの資格を満たしている。それに、キューバ共産党綱領は、国際主義を掲げる。「社会主義と人民の民族的解放をめざす戦いと国際的必要性を、キューバの立場に優先させる」と。一九七五年十二月に聞かれたキューバ共産党第一回共産党大会でカストロ党第一書記は、非同盟国基準に沿う国際主義路線を強調した。「キューバの外交政策は、キューバの立場よりも社会主義と人民の民族解放をめざす闘争という国際的必要性の方を優先させることを出発点としている。キューバは、血と技術的協力など可能な限りのすべての方法による国際的連帯を使命として認め、この前提を国際的活動の基盤とし続けるであろう」。(1)

同盟国基準の資格を満たしているキューバは、一九六一年の第一回首脳会議に参加、それ以来、非同盟諸運動に参加しつづけるラテンアメリカで唯一の国である。

同盟諸国会議参加国が飛躍的にふえたのは一九七九年、ハバナで開いた第六回首脳会議であった。第三世界を視野に収めるカストロは、その各国に参加を働きかけた。ハバナ会議にはオブザーバーを含めると、百二十ケ国が参加した。ハバナ会議を主催したカストロは、その後四年間、九十ケ国加盟の非同盟会議の議長として、国連など国際社会で活躍する地位を得た。カストロ非同盟会議議長は、国連の場で、しきりにアメリカ帝国主義を非難した。

一九九〇年前後にソ連・東欧の社会主義圏が消滅。東西対立の終結によって、非同盟の存在理由は希薄になった。また、インドのネール、ユーゴスラヴィアのチトー、インドネシアのスカルノ、エジプトのナセルらの非同盟の創始者で、カリスマ性のある政治家を失ってからは、運動の迫力が弱まっていった。それでも非同盟諸国会議は、東西冷戦の終結後も継続された。九二年のジャカルタ首脳会議以降、南北格差解消の南北対話を打ち出した。

非同盟諸国会議創設当時の著名なリーダーが相次いで亡くなってからは、カストロが非同盟首脳会議を代表する顔となった。首脳会議は、ほぼ三年ごとに開かれるが、二〇〇六年の第十四回会議は、ハバナが予定されていた。次期開催国のトップとしてクアラルンプール会議出席は欠かせなかった。

クアラルンプール会議の前後に、ベトナムと中国を公式訪問した。

ベトナムには会議前に訪れた。キューバとベトナムとは、ベトナム戦争当時、軍事顧問団を送って以来の友好国である。カリブ海に浮かぶキューバが、東南アジアのベトナムを支援したのも、キューバ国際主義による行動である。

キューバは、アフリカ・アジア・ラテンアメリカにまたがる第三世界の三大陸諸国民連帯の維持確立にも力を注いだ。一九六六年一月三日、ハバナで三大陸諸国民連帯会議を開かれた。会議に備えて、三大陸諸国民連帯執行書記局がキューバに設置された。会議には八十二ケ国のアフリカ・アジア・ラテンアメリカの革命運動の代表が、初めて一堂に会して参加。

カストロ議長は、一月十五日の閉会式の演説で三大陸諸国民連帯会議の存在をこう意義付けた。「三大陸と全世界の人民を結びつけるために、人民は共通のものを持っている。それは、帝国主義、植民地主義、新植民地主義、人種差別主義、すなわち、現在、ヤンキー帝国主義が主導している帝国主義と言われるすべての現象に反対する闘争である」。(2)

一九六六年当時、ベトナム戦争が激化していた。カストロは、この演説で特にベトナム支持を声高に提唱した。「ベトナム人民は、ヤンキー帝国主義が攻撃とベトナム領土の一部の占領を停止し、ベトナムから傭兵軍と軍事基地を撤退したとき、唯一の、真の平和が訪れると明言している。（略）わが国人民と本会議は一致して、ベトナム民主共和国政府と南ベトナム民族解放戦線の姿勢と立場を支持する」。(3)

中国訪問は、二月二十六日から三月一日まで。北京と南京を訪れた。江沢民国家主席と国際問題について意見交換し、三月の全国人民代表会議で新たに国家主席に就任する胡錦祷副主席と会談した。キューバの長老指導者と中国の新指導部の顔合わせが、公式訪問の主要目的であったようだ。

2. 一九九五年の日本訪問

カストロが訪越、訪中を終えてから日本を訪れる旅程は、一九九五年にも組まれて実現した。キューバ・ソ連関係蜜月化の時期は、キューバ・中国関係は冷え込んでいた。ソ連・東欧の社会主義圏崩壊によって、地球上で残り少ない社会主義国同士となったキューバと中国は、急速に接近し始めた。中国の江沢民・国家主席は、九三年にキューバを訪問し、カストロを中国に招いた。中国の招待を受けて、カストロは九五年十一月から十二月にかけて、中国を公式訪問したのである。訪中の前には、二年ぶりにベトナムを公式に訪れた。

カストロが訪日した十二月三日、東京のホテルで記者会見した。その席上、カストロから質問者に指名された伊高浩昭・共同通信編集委員の『キューバ変貌』のうち「第七章『技術的な国』日本―気兼ねする友人」には、二十二ページにわたって、日本・キューバ関係を背景に、カストロの九五年来日の模様が書き込まれている。

それによると、カストロは三十数年間にわたって日本訪問を願いつづけていた。「キューバ革命政権が発足したとき日本の首相は岸信介で、岸政権はキューバ新政権を承認した。以来カストロは、訪日を望んでいた。キューバの敵国・米国とかつて戦争して敗れ、いまは日米安保条約にがんじがらめになっている日本をみたい。キューバに強い影響力を及ぼしたソ連を仮想敵国としていた日本をみたい。だがなによりも日本経済の発展を自分の目で確かめたいし、広島・長崎を訪ねたい。むろん東西冷戦下では、米国に従属する日本が、主人であるワシントンの意向にそむいてキューバと緊密な関係をもてるはずはなかった。しかし冷戦終結後、事情は大きく変わった。」(4)

カストロの訪日願望の誘因の一つである「なによりも日本経済の発展を自分の目で確かめたい

し、広島・長崎を訪ねたい」というくだりは、ゲバラの広島訪問に事寄せていえば、キューバ革命政権が発足直後に訪日し、帰国してカストロに提出したゲバラ執筆のレポート「原爆から立ち直った日本」によっているのではないだろうか。若き日に、盟友が目にし、耳にした戦後日本の実相が、どのようになったかぜひ自らの耳目で確かめたかったのであろう。

ハバナで「東アジアの地図を広げたカストロの脳裡に、五年前の『幻の訪日』が浮かび上がる。いまや日本には、社会主義者の首相・村山富市がいるではないか。カストロは、村山政権が社会主義政権でないにしても、村山が社会主義者であることに強い関心をいだいていた。（略）カストロは、公式訪問は無理だろうし実務訪問に招かれる公算は小さい。だが中越公式訪問の帰途、立ち寄る形にすれば問題は少ないだろう。カストロは訪日の可能性を採りはじめた。」(5)

「注」を加えると、「幻の訪日」とは、一九九〇年十一月に執り行われた天皇即位の儀式に参列するための訪日。来日計画は、アメリカの（父）ジョージ・ブッシュ大統領が参列した場合、敵対視し合う両国首脳がどういう形で顔を合わせるか、アメリカとキューバ、それに日本の外交担当者がそれぞれ手の内を探り合った末、カストロ、ブッシュとも参列を見合わせて、「幻」と化したことを指す。

一九九五年十一月二十九日に中国公式訪問。その訪問中に、ハバナへの帰途、日本に立ち寄りたい旨を、ハバナの日本大使館経由で外務省に公式に伝えた。十二月十二日の成田空港到着四日前だった。

外務省は、慌てふためいた。日本政府は一九五九年、キューバ革命政権が発足したとき、新政権を承認した。国交もあり、大使を交換している。だが、過去三十数年間、国家元首—この国の場合、終始カストロなのだが、来日は初めてである。日本から首相、現職閣僚がキューバを訪問したこともない。特殊な国交関係にある。政府・外務省は「キューバ側の意図が読み切れない」(橋本宏外務報道官)と戸惑った。それに、なによりもキューバを敵視するアメリカに対する気兼ねがある。外務省としては、拒否反応。

エドゥアルド・デルガード駐日キューバ大使が急遽、日本・キューバ友好議員連盟の三塚博会長に対応を要請した。三塚は、キューバ最高の勲章の叙勲者だ。ここは自民党の最大派閥である三塚派の会長が、一肌脱いだ。

三塚前自民党幹事長は、外務省を説得して、中越公式訪問の帰途、専用機の給油など技術的着陸に伴う非公式訪問とする方策を取りつけた。

十二月十二日午後七時、カストロ議長一行を乗せたイリューシン62M二機が、「給油」などのために成田空港に到着した。キューバ国軍のオリーブ色の軍服姿で降り立ったカストロは、三塚日本・キューバ友好議員連盟会長に出迎えられた。早速空港近くのホテルで会談した。

カストロは、日米関係を気にかけてか挨拶代わりに、「北の友人(アメリカ)の経済封鎖がなくなることを一番願っている。日本のさらなるサポートを得たい」と日本の支援を要請した。三塚会長も符節を合わせて、「北の友人とも共存共栄の努力をされることを希望する。その達成のためわが国の立場で努力したい」と答えてみせた。

外務省のキューバ元首来訪理由は「給油など技術的着陸」で、非公式訪問。東京滞在一泊二日の予定。だが、カストロ首相は、土井たか子衆議院議長、河野洋平外相と会談を重ねた。土井議長、河野外相には、「東の風が吹くままに、飛んできたら、その途中に日本があった」と、来日理由をとぼけて説明をした。冷戦下の米ソ両大国の狭間で革命体制の小国を維持育成してきた老練な政治家ならではの、何とでも解釈できる外交的言動だ。その言動を自ら活かして、短時間の非公式な通過である。了解事項を、事実上元首の公式来訪日程に切り替えてしまった。結局、東京に二泊三日滞在し、十四日午後、技術的立ち寄りをするバンクーバーに向けて成田空港を飛び立った。

前夜、成田空港に到着したときは軍服を装っていたのに、翌十三日はベトナムでプレゼントされたというグレーのスーツ姿にお色直しして、過密な日程をこなした。政府要人との相次ぐ会談の間、日本・キューバ友好議員連盟主催の歓迎昼食会に出席。昼食会には与野党の国会議員が「伝説的なゲリラ指導者を一目みたい」と出席希望者が押しかけ、主催者を戸惑わせた。

社会主義者同士の首脳会談が実現するまでには、背景があった。招かざる客の日程を設定調整する「外務省幹部は『実現すべきだという思いと、その必要はないという思いと半々だった』」。当日は衆議院予算委員会が開かれ、村山首相の日程が詰まっていた。「夜中でいいから会いたい」というキューバ側の要望を受けて、三塚友好議員連盟会長が、もう一肌脱いだ。

前自民党幹事長の三塚会長は、自社さきがけ連立内閣の野坂浩賢官房長官に「カストロさんは大の親日家だよ」と直談判。野坂長官は、予定された首相の日程をやり繰りして、夕刻六時三十分に首相官邸を訪問・会談する行事を割り込ませた。(6) 但し、首脳会談は、わずか十五分間。

村山首相は社会党委員長だが、社会主義政権ではない。自社さきがけ連立政権首班の「河野と村山は外務省の耳打ちどおり、米国の主張を受け売りして人権問題をもちだし、カストロを刺激した。」(7)

カストロ議長　日本の国連改革についての立場を聞きたい。

村山首相　安保理改革だけではなく、人権、食糧、人口、環境などの問題に取り組むため、経済社会理事会の活用も考えねばならない。キューバの経済改革を歓迎する。人権尊重、民主化を進めることを期待する。

議長　キューバは世界で人間の幸福のために最も努力している国のひとつだ。米国はキューバ革命を中傷している。米国はベトナム戦争以前からアパルトヘイト（人種隔離）やジェノサイド（集団虐殺）の政府を支えてきた。広島、長崎に原爆を落としたのも米国だ。安保理を核大国が独占している現状は適当でない。経済の自由化、民主化の努力を通じて、二国間の協力関係は促進されるものだ。ラテンアメリカやアジアの声をもっと反映させる必要がある。

村山　日本は安保理理事国の増加を要請している。日米は非常に長い友好協力の関係にある。(8)

村山社会党委員長が政権の座にあったのは、一九九四年六月から九六年十月までの二年四ケ月。社会党委員長が首班の政権は一代限りで終わった。その言動も次期歴代政権に引き継がれるとは限らない。日本・キューバの初首脳会談は、外務官僚主導の外交の一舞台にすぎなかった。

カストロ議長は村山首相とは、「役者が違いすぎた」。(9)一九五九年の革命の成功から長期にわたって社会主義体制を維持育成した。その行動、発言は、歴史に根ざしている。短い会談のなかでも、人類史上画期的な出来事である「広島、長崎」を口にした。第三の核被爆国になりかけた危機に遭遇したキューバの最高指導者が、初めて来日し、首脳会談に臨んだのである。世界初の被爆国の政権担当者が、世界核戦争の引き金に手がかかった十月危機（キューバ危機）の実相を聞き取るための時間を設けたら、非公式短期を条件に滞在しているキューバの最高権力者は、時間をかけて熱弁をふるっただろう。

もっといえば、十月危機（キューバ危機）が一因となって、中ソ対立が激化し、ひいては中ソ対立をめぐって一九六三年、日本の原水爆禁止運動が社会党・総評系と共産党系に分裂した。村山首相は、日本・キューバ首脳会談に臨んでいる九五年当時も分裂をつづける一方の組織である原水禁国民会議に肩入れをする社会党委員長である。村山社会党委員長が社会主義者同士で、核軍縮・核廃絶運動の在り方を論題にしようともちかければ、日本共産党系の原水協の世界原水爆禁止世界大会にキューバ代表を参加させつづけたカストロ共産党中央委員会第一書記は、夜を徹してでも核・平和談議に応じたのではなかろうか。

村山首相のアメリカ追従の言動は、押しかけてきたにしても長年の願望をとげた遠来の客に不快の念を抱かせてしまった。その場限りの外交イベントでの役回りを演じさせられた日本の宰相は、核・平和談議をもちかける政治的センスも、外務官僚に会談スケジュールを組み替えさせる指導力をもち合わせていなかった。[10]

現実処理に長けた老練な政治家カストロの方は、他日を期して、東京での記者会見で、如才ない対応をしてみせた。

メキシコのテレビ放送東京支局長が「オリエント訪問の意義」を訊ねたのに、日本訪問についてこう語った。

議長 （中越両国訪問の）帰国途上、日本に技術的に立ち寄ることができました。日本は関心の的であり、自分の足を日本の地に着けることができて幸運でした。友好的な日本人、日本の業績を知り、いろいろなものを見ました。この体験は役に立つでしょう。

河野外相との会談でも、アメリカとの対応が論題となった。

カストロ議長　中国、ベトナム訪問後、風が東に吹いていたので、逆らわず来たら、そこに日本があった。訪日できてうれしい。十一日の国連総会の（国連憲章の旧敵国条項削除に関する）決議でキューバが棄権したのは、決議の手続き上の問題からで、日本に対する非友好的な感情によるものではない。

河野外相　キューバでは経済の自由化が進んでいると聞いているが。

議長　ソ連と社会主義圏の崩壊で、貿易相手国の七、八割がなくなる困難に遭遇した。現在、改革・開放政策を進めているが、米国の経済封鎖が厳しい。それでも五年間生きのびてきたので、これからも頑張れると思う。日本の理解をお願いする。

外相　米国との関係改善はそんなに難しいとは思わない。キューバが人権問題などにきちんと対応して、国際社会が「なるほど」と思うことが大事だ。

議長　キューバは国民の幸福の実現に力を注いできた。そうでなければ、国民の支持を得て、生きのびていることはあり得ない。(11)

記者会見で、スペインの通信社東京支局長の質問に対して、河野外相との会談の背景説明ともとれる対日・対米関係について、説明した。アメリカに気兼ねする日本に困惑しながらも、巧みにキューバの立場を主張した。

カストロ議長　私は日本に何かを頼みにきたのではないのです。これはあくまでも立ち寄りです。あなたはスペイン人らしいが、知っているでしょう。昔、コロンブスは日本に行こうと船出して、キューバを発見しました。私はキューバに帰ろうとして、日本を発見したというわけです。短時間でしたが、いろいろな人と話し合えました。すべての国々にとって国際関係改善のため働くことは可能であり、キューバと米国の関係を改善させるため努力するのも可能でしょう。日本は重要国であり名声があり、米国と親しい友人関係にあります。日本は忠言することができるでしょう。米国にカリブ海の小さな隣人との関係改善を忠言することができるでしょう。私は東京で対米関係についての立場を説明しましたが、日本に忠言を要請しておりません。これは立ち寄り訪問ですから。(12)

カストロ議長は、非公式に立ち寄ったはずだったのに、小さいながら具体的な訪問の成果を手にした。地方自治体やNGOに対する「草の根無償資金協力」供与計画である。キューバは民主化が進んでいないことを理由に、一件一千万円以下の小規模供与。これまでODA（政府間開発援助）の技術協力供与だけだったので、これが日本初の無償資金協力となった。河野外相との会談で伝えられた。また、外務次官補級の外交接触を制度化することも取り決めた。

元首の初訪問の目にみえる土産は、大きくなかったが、ラテンアメリカ事情に通じている共同通信の伊高浩昭編集委員は『キューバ変貌』で、日本側は有意義な自主外交の勲章を得たと評価した。

「……『技術的立ち寄り』は両国指導部が互いに知り合う有意義な外交舞台となった。日本の外務官僚が時間をかけて綿密な準備をした訪問でなく、国会議員が主導し報道陣が盛り立てたのがよかった。カストロは、日本人の多くが知らなかった『まったくちがう型の政治家像』を印象づけ、日本中に新鮮な旋風を巻き起こして去っていった。米国政府は日本政府に不快感を伝えた。この日本の外交行動に対しては珍しい米国の不満表明が、カストロを迎えた日本の例外的かつ部分的な自主外交の勲章となった」(13)と。

キューバにとっては、キューバを敵対視しつづける北の巨人、日本にとっては追従外交せざるを得ない友好国がカストロ初訪問に対して『不快感』を伝える程度にとどまった。カストロの初来日の実績は、再び来日する足掛かりを残した。次の機会には、「米国に従属する日本が、主人であるワシントン」に気兼ねしなくても広島の地に立てるよう身繕いにとりかかった。

3．二〇〇三年、再び日本へ

フィデル・カストロ・ルスの肩書は、二〇〇三年三月時点で、元首である国家評議会議長をはじめ閣僚会議議長、革命軍総司令官、共産党中央委員会書記局第一書記、党政治局員。党、軍、政の最高位にある。

東洋風にいえば、この年八月に喜寿を迎えるというのに、キューバ社会主義政権を一身に担うカストロの日程は超過密であった。三月五日閉会の人民権力全国会議（国会）で、国家評議会議長を選出する議事日程が組み込まれていた。その重要な政治日程を控えた一週間前の二月二十四、二十五日、マレーシアのクアラルンプールで開かれた非同盟諸国の首脳会議に出席した。

首脳会議終了後、カストロは中国とベトナムを公式訪問し、カナダへ向かう途中、非公式に日本に立ち寄り、被爆地である広島を訪問したいという本人の強い希望を日本外務省に伝えた。

三月一日、イリューシン62Mの特別機で羽田空港に到着し、二日に外務省飯倉公館で小泉純一郎首相と会談した。小泉首相からは、北朝鮮の核問題、拉致問題について北朝鮮と友好関係にあるキューバが影響力を行使するようにと協力を求められた。カストロは「自分は金日成主席死後の北朝鮮指導者とは接触がない。日中韓露などの周辺関係国などの政治的努力で解決をはかるべきではないか。」と述べた。イラクのミサイル問題についても「イラクが国連決議を守れば戦争を避けられる可能性がある。イラクのミサイル問題が解決すれば、北朝鮮にもいい影響を与えることができる。キューバも非同盟諸国の一員としてできる限りの努力をしたい。」と答えた。

カストロは小泉首相の他、綿貫民輔衆議院議長と国会議事堂内で会い、川口順子外務大臣、橋本龍太郎元首相とも会談した。橋本元首相との話し合いの中でも北朝鮮の核問題に話題が及び、「私も懸念はしており、何らかの解決策はないものかと考えているが、（金日成主席の息子である）

金正日総書記とは面識がないので、自分なりの手立てが思いつかない」と言いつつ、「中国もロシアも戦争は望んでいないはずだ。北朝鮮への仲介について何かできることがあれば喜んで役に立ちたい」と語った。

二〇〇三年三月はじめと言えば、日本政府の首脳部はイラク問題に忙殺されており、新聞各紙も毎日、一面トップはイラク戦争の記事ばかりだった。各社とも非公式訪問したキューバ国家評議会議長の動向にそれほど紙面を割く余裕はなく、カストロ訪日の記事は最小限にとどまり、全国紙の東京版は広島訪問について触れない新聞もあった。

4. 念願の広島訪問

三月三日の午前中、カストロは党・政府の要人を率いて、専用機で雨天の広島空港に到着した。車で広島市内に入り、リーガロイヤル・ホテルで広島県（藤田雄山県知事）と広島市（秋葉忠利市長）が主催する歓迎昼食会に出席した。

主催者側の藤田知事はイラク情勢に触れ、「核兵器や大量破壊兵器の拡散によって国際社会の緊張が高まっていますが、被爆地・広島の県知事として平和的に解決されることを切望しています」と挨拶した。

カストロはテーブル・スピーチの中で、自分自身の原爆、核についての思い出を語った。「あの日［一九四五年八月六日］の昼頃、極めて強い破壊力のある爆弾が使われたというニュースがラジオから流れてきました。被害の状況について、衝撃的な内容が伝えられました。当時、私は高校を卒業し大学に入学したばかりでした。偶然にも私は一九二六年の同じ月、八月一三日に生まれました。ですから、広島の原爆は、私の誕生日の七日前に起こったことになります。……戦争では多くの出来事がありました。しかし、この原爆のニュースは消し去ることのできない衝撃を私に残しました。」(14)

さらに十月危機（キューバ危機）に触れ、「人類はあらゆる経験をしてきました。キューバは核兵器の雨に晒される危険にさえ直面しました。それはこの広島が爆撃されてから一七年経った時のことでした。我々は地球上から消滅してしまうのではないかと思った瞬間もありました。しかし、どんなに物事が強力でも、人間の精神に勝るものはありません。……人間は常に死そのものよりも強いものですし、これからもそうでしょう。このことをここで述べるのは、広島では完全な現実となり、我が国ではほぼ現実となりつつあった危険というものにたいする思いをあなた方と分かち合うためです。私達の場合には、幸いにも何も起こらずに済みました。絶対に、絶対に人類はあなた方が体験したような経験を繰り返すことがあってはなりません。残念ながら……ここで起こったことは教訓としても実例としても世界の役に立ちませんでした。その後途方もない軍拡競争が行われ、巨大な破壊力を持つあらゆる大きさの爆弾が何万個もつくられました。あなた方は今でも世界に重要な教訓を与え続けています。何百万、何千万の人達がこの都市を訪れ、事実を通じて、そして資料館を見学し、ここで起こったことを知ることが非常に重要です。」[15]と語った。

広島・長崎の原爆と十月危機（キューバ危機）における核兵器の恐怖の比較については、三回も繰り返し述べられ、「核の脅威を知るキューバ人は広島の人々の原爆に対する思いがよくわかります。私が日本に立ち寄った第一の理由は広島に来るためであったと言ってもよいのです」とまで言い切った。藤田知事が「今回は非公式訪問なので、政治的な問題には触れずに簡単なものにしたい」と言ったのとは対照的に、カストロは原爆・核兵器の恐怖について熱っぽく語り、時間を大幅に超えた挨拶を行った。

昼食会にはカストロの長男・フィデリート（フィデル・アントニオ・カストロ・ディアス＝バラルト）も同席した。[16]フィデリートは東京での政治家、財界人の会談の席には顔を出さなかったが、広島では公式の場に現れた。フィデリートはモスクワ留学の経験もある原子力発電技術の専門家だった。キューバではソ連の援助で中南部のフラグアに原子力発電所の建築が進められてきたが、ソ連崩壊後に建設工事はストップした。その後、キューバを訪問したプーチン大統領も原発建設のための財政援助はしないと言ったことから、フラグア原子力発電所完成は断念された。二〇〇二年には核拡散防止条約（ＮＰＴ）の批准も行っている。今回、カストロがフィデリートを広島に同行させたのも、核問題の専門家の目を通して核兵器による被爆の実態を知りたいと考えたからだった。

昼食会終了後の十三時四十分頃、カストロ一行は平和公園に向かった。まず原爆慰霊碑に「罪のない広島・長崎の犠牲者へ」と書かれた花輪を献花した（グラビア参照）。その後、原爆資料館に入館した。一九五九年の夏にゲバラたち三人の使節団が取ったのとまったく同じコースである。猛暑の中、若い無名のキューバ人たちに注目する人もない献花シーンとは違い、長身を黒のコートで包んだ一大の老革命家の周囲は大勢の報道陣と見物客でごった返していた。しかし、慰霊碑の前で黙とうする敬虔さ、真摯な態度は両者とも同じである。カストロは、志半ばにして、非命に倒れた革命の英雄である盟友ゲバラが目にした広島の地を踏みたいと思いつづけた。それを実現した瞬間、十月危機（キューバ危機）や冷戦での核軍拡競争を当事者として目のあたりにしたカストロにはゲバラ以上に核戦争を辛くも回避できた幸運と平和の尊さが身に染みたのではないだろうか。

原爆資料館に入り、悲惨な被爆展示物を前にしたカストロは沈痛な面持ちで、案内に立った畑口實館長の説明を受けた。見学と説明の合間に議長は「原爆の威力はどのくらいだったのか」「市の復興はどのように行われたのか」「被爆後、市民はどれだけ生き残ったのか」「現在住んでいる人々はどこからやって来たのか」「現在も苦しんでいる人たちがいるのか」と矢継ぎ早に畑口館長に質問を浴びせた。

【写真】 原爆資料館を見学するフィデル・カストロ議長
（中国新聞社提供）

畑口館長は、被爆二世でもある。鉄道員だった父親の二郎さんは広島駅付近で被爆し、即死した。当時、二郎さんが持っていた懐中時計も資料館の展示物になっている。カストロはその懐中時計を見ながら畑口館長に「この懐中時計は亡くなったときに身につけていたものなのですか」と聞いた。カストロは、市内地図を見ながら、館長の父が被爆した地点はどこなのかとも尋ね、館長が地図でその場所を指し示すとじっと地図を見つめた。

原爆資料館の芳名録には、以下のような言葉を記した。

〝Que jamás vuelva a ocurrir semejante barbarie

(このような野蛮な行為を決して犯すことのないように)〟

見学終了後、カストロは畑口館長の肩に手をかけ、「時間がないのでゆっくり見学できずに残念でした。でも全部、頭の中に入っていますよ。」と言った。畑口館長は「これまで数多くの首脳を案内したが、フィデル・カストロ程、熱心にまた真剣に心を傾けた人はいない」(17)と述べた。

外国人を含む大勢の「ブラ下がり」の記者たちには、「広島と長崎の人々は全く罪のない犠牲者だ。彼らに哀悼の意を表したいという私の長年の希望がようやくかなった。今でも何千もの武器が開発されており、人類は広島の教訓を学んでいない。」と語った。「今になってようやくチェ・ゲバラが一九五九年に広島を訪問したときの凄まじい苦痛が理解できた。」(18)

カストロは旧友ゲバラに導かれて訪れた広島への慰霊の旅を終え、日本を離れるため東京に向かう予定だった。ところが、ここで思わぬハプニングが起こる。成田空港が悪天候のため着陸不可能となり、羽田空港との調整がつかず変更もできないということから、当日の東京行きはキャンセルとなった。議長一行は急遽、広島空港から広島市内に逆戻りということになり、バスや普通車を何台もつらねて、昼食会が催されたリーガロイヤル・ホテルに戻って来た。

あわてたのはホテル側の従業員である。飛行機出発に関する連絡もコロコロと変わり、成田・羽田着陸不可が決まると、議長の随行員が次々に車で戻ってくるので、総勢何名の部屋と食事を用意すればよいのかわからない。しかもその中には一国の元首と閣僚級が混じっている。結局、カストロ議長には最上階で平和公園が見渡せるスイート・ルームに入ってもらったが、その他大勢をすべて個室で宿泊させる余裕はなかった。中には、ベッドではなく、ソファに仮眠した者もいたという。夕食も洋食メニューの他、たっての注文ということで天ぷらや刺身、肉うどんなどの定番の和食もリクエストされた。お付きのキューバ人たちによる長時間の交渉でホテルのフロントは、てんやわんやの大騒ぎになっていたが、一度方針が決まると彼らは「軍隊式」に迅速に動き始め、個々の態度も紳士的で穏やかなものであったとホテルの職員は記憶している。議長との接遇を担当した職員は、最後にカストロに握手を求められた。彼の人間的な迫力と同時に優しさ、穏やかさが伝わり、感動したと述べている。

翌日三月四日に天候は回復し、イリューシン機は広島から東京に向けて飛び立ち、その後、カナダ・バンクーバーへ向かった。

キューバでは、議長の帰国を待って、三月六日に国会閉会式が開かれた。議長に選ばれたカストロは、再任演説の冒頭、こう述べた。

「（略）……

三月三日、我々は広島に行った。平和記念資料館を視察し、慰霊碑に献花した。また、広島県知事主催の歓迎昼食会に出席した。

広島の一般市民に対してなされたジェノサイドについて、我々が受けた衝撃を述べるいかなる言葉もなく、いかに多くの時間が費やされても足りない。あそこで起こったことは、いかなる想像力をもってしても理解することができない。

あの攻撃はまったく必要性のないものであったし、モラル的にも決して正当化できない。日本は既に、軍事的に打ち負かされていた。太平洋地域、東南アジアの日本占領地や日本の統治地域までもが、すでに奪還されていた。〝満州〟では赤軍の進攻が進んでいた。戦争はそれ以上米国人の生命を失うことなしに、数日で終わらせることができた。最後通牒でこと足りたはずであり、最悪の場合、あの兵器を戦場で、もしくは一つか二つの日本の厳密な意味での軍事基地に対して使用することで、戦争はただちに終わっていたはずである。強硬派の圧力と主張がいかに強かったとしても。

私の考えでは、日本が正当化できない真珠湾攻撃によって戦争を始めたのであったとしても、子供、女性、老人、そして罪のないあらゆる年代の市民への、あの恐ろしい殺戮を弁解する余地はない。

気高く寛大な日本国民は、加害者に対して一言も憎しみの言葉を発しなかった。それどころか、そのようなことが二度と起こらないようにと、平和を願う記念碑を建てた。

何があそこで本当に起こったのかを人類が知るために、幾百千万の人々があの地を訪れるべきだと思う。

私はまた、資料館でチェ・ゲバラの写真を見て感動した。それは、人類に対する最悪な犯罪を記憶する、慎み深くはあるが不滅の慰霊碑に彼が献花している写真であった（En aquel lugar tuve la emoción de ver una foto del Che, cuando depositó una corona de flores ante el modesto, pero inmortal recuerdo de uno de los mayores crímenes cometidos contra la humanidad.）。（略）（傍線は編者）」[19]

報告の原稿は全部で十枚以上ある長文のものだが、その中に広島訪問に関する記述もあり、三月十二日に在日キューバ大使館から広島市へＦＡＸで報告書が送られてきた。

広島に関する報告文の最後には、ゲバラの写真について触れられているが、これには実は裏事情があった。筆者はカストロが広島に来訪するという情報を知り、カストロ来日の数日前に原爆資料館を訪れた。畑口館長に会い、四十四年前に吾郷カメラマンが撮影したゲバラ、アルスガライ、見口の三名が写っている慰霊碑献花の写真を手渡した。「カストロ議長に会ったら、ぜひ、この写真を見せてほしいのです。見せるだけでよいので、よろしくお願いします。」と依頼した。筆者の突然の申し出を快く引き受けてくれた畑口館長は、資料館見学の途中、報道陣がいないエレベーターの中でゲバラの写真を取り出した。「これを見て頂けますか。あなたの友達チェ・ゲバラですね。」と言って、カストロに写真を渡した。ふいをつかれて驚いたカストロは、笑顔で「シー、シー」と言いつつ、側近の者にも「これを見てみろ。チェだ。」と写真を見せた。写真を畑口館長に返したあと、興奮のあまりカストロは畑口館長を抱きしめた。

一九五九年に国際親善使節団の旅から帰国したゲバラは、前述のとおり『ベルデ・オリーボ』に「原爆の悲劇から立ち直った日本」という論文を載せた。副団長をつとめたフェルナンデス大尉によると、ゲバラはカストロにも直接、「日本に行く機会があれば、必ず広島に行くべきだ」と強くすすめた[20]。

四十四年の年月を経て、友のすすめにしたがい、使命を果たしたカストロは、帰国後にゲバラと同じように広島の印象記を記した。

しかし、カストロの広島に対する感想はゲバラのものとはかなり違ったものになっている。ゲバラは広島の惨劇と被爆者の窮状に深い同情を寄せるとともに、アメリカに臣従する日本政府の態度に強い憤りの言葉を書き残している。また、慰霊碑の碑文内容への疑問や「君たち日本人はアメリカにこんなことをされて腹がたたないのか」という厳しい抗議ともとれる発言も残している。終戦から十四年後という、まだ生々しい被爆の傷跡を目にし、自分自身もたった半年前に「アメリカ帝国主義」の傀儡政権と最前線で闘い、勝利を勝ち取ったばかりの革命家の一人として、広島の現状は「悲しみ」とともに、なぜこの悲劇を起こした加害者と闘わないのかという「怒り」を抱かせるものだった。

カストロは、別の視点からアメリカを見ている。十月危機（キューバ危機）、冷戦、ソ連の崩壊を経た老革命家は、第二次世界大戦末期における日本の状況から見て、原爆投下は戦争終結のために本当に必要だったのかという疑問を投げかける。二発の原爆投下は本土決戦を避け、早期に日本を降伏させることにより両国の将兵の犠牲を最小限にするために必要だったとするアメリカ政府の公式的理由を疑い、「日本は既に、軍事的に打ち負かされていた」し、「戦争はそれ以上米国人の生命を失うことなしに、数日で終わらせることができた。最後通牒でこと足りたはず」で、「最悪の場合、あの兵器を戦場で、もしくは一つか二つの日本の厳密な意味での軍事基地に対して使用することで、戦争はただちに終わっていたはずである」。なぜ、一般市民の住む都市に投下する必要があったのか。実は〝満州〟に進攻していた赤軍＝ソ連の優位に立つために原爆を使用する必要があったのではないか。

さらにゲバラが怒りにも似た感情をもった慰霊碑の存在について、カストロは加害者＝アメリカに対して「一言も憎しみの言葉を発しなかった」日本人を責めるのではなく、むしろ「そのようなことが二度と起こらないようにと、平和を願う記念碑を建てた」行為を「気高く寛大」であると称賛したのである。ある程度の社交辞令が入っていることを割り引いても、カストロの広島に対する感情はゲバラのものとは明らかに違っている。それは両者の革命や国際関係に対する考え方の違いもあるし、最後まで一革命家として生きようとした青年（ゲバラ）と半世紀もの間、大国と渡り合って生き延びた一国のトップ（カストロ）という立場の違いもある。四十四年という年月がカストロ自身の歴史観をある程度変えたとも言えるのかもしれない。キューバ＝アメリカという二国間の問題を越え、世界全体における核兵器はどうあるべきか、その原点になった原爆投下は何だったのかという冷静な分析は、第二次大戦後半世紀以上もたった二十一世紀になったからこそ可能になったのではないか。

とは言え、カストロの広島に関する報告は、「人類に対する最悪な犯罪を記憶する、慎み深くはあるが不滅の慰霊碑」にチェが献花している写真に「感動した」という言葉で締めくくられている。

一つの革命を同志としてともに闘い、その後、それぞれの道を歩むために別れた二人のキューバ革命家は、遠い異国の「人類に対する最悪な犯罪を記憶する、慎み深くはあるが不滅の慰霊碑」の前で、時空を超え、人類全体の平和を祈念することで、再び一つの魂になれたのである。

5. その後のフィデル・カストロと核問題

広島を訪問した三年後の二〇〇六年、カストロは病気のため、弟ラウルに暫定的に権限の移譲をする。二〇〇八年二月には国家評議会議長、二〇一一年六月にはキューバ共産党第一書記を辞し、すべての公職から離れた。

後継者のラウル・カストロは政治的にはフィデルよりも保守的と言われるが、経済改革には積極的で、中国をモデルとした市場経済型の社会主義をめざしており、キューバではサービス業や観光業を中心に徐々に経済の民営化が進んでいる。

フィデル・カストロは、引退後はほとんど表舞台に出ることはなくなったが、キューバ共産党機関紙『グランマ』の長文のコラムを継続的に発表する等の執筆活動を通じて、国民に存在を誇示している。

二〇〇九年二月には、就任間もないオバマ米大統領の原発政策について、「彼（オバマ大統領）はエネルギー源として、原子力発電の開発を急速に進めている。生命、大気、食糧に悲惨な結果をもたらす事故の危険性が高いので、多くの人々がすでに反対している。こうした事故の発生を防止することは絶対の不可能である。」[21]という論評を出している。同年六月のオバマ大統領のカイロ演説に対しては、「彼ら（アメリカ人）は、広島と長崎の二つの非軍事都市に核爆弾を投下してその効果を確かめた。このとき殲滅されたほとんどは、日本の子どもたち、女性たち、老人たちであった。……アメリカは決して、イスラエルのアラブ地域占領について反対はしないし、パレスチナ人へのテロにも抗議もしない。それどころか、イスラエルがアラブ・イスラム地域の中心において世界最新鋭の核兵器を保有することを認めることで、中東を地球上で最も危険な場所の一つにしてしまったのである。」(22)とコメントした。

しかし、オバマ大統領が四月五日に行ったプラハ演説により、同年十月にノーベル平和賞を受賞されたことについては、「私はノーベル賞委員会の立場に常に賛成してきたわけではないが、今回は前向きの評価だと認めざるを得ない。多くの者がオバマには受賞する権利はまだないと言うであろう。しかし、これがアメリカ大統領への賞というよりは、かの国の少なからぬ大統領たちが行ってきたジェノサイド政策に対する批判だと解釈すれば、我々は好意的に受けとめる。」(23)と書いた。

カストロは、二〇一〇年夏から秋にかけても、イランをめぐる核戦争の危険性や「核の冬」問題など、核にかかわるテーマでコラムを書いている。

引退後は、ほとんど公式の場に現れなくなったカストロだが、まれに海外の要人との単独会見や国際的な会合への出席なども行っている。

二〇一二年三月には、NGO団体「ピースボート」がハバナで開催した「グローバル・ヒバクシャ・フォーラム」に参加した。東日本大震災の被災者支援に関わる福島大学の研究者や広島・長崎の被爆者が集うフォーラムにおいて、カストロは「原発は愚かな人間の操作一つで大きな事故につながる非常に危険なもので、作るべきではない。子供たちが被害に遭う状況は何としても避けなければならず、日本を支援していきたい。」と述べ、「来年には福島へ行きたい。」とまで語った[24]。キューバではチェルノブイリ原発事故で被害にあった二万人以上の患者を国内の病院で受け入れて治療をしている。患者のほとんどが子供であり、治療は事故後二十年間も続けられている。カストロが福島原発事故に関して、「子供たちが被害に遭う状況は何としても避けなければならない」ないと発言した背景には、自国内で治療を続けるチェルノブイリ事故被害の子供たちのことが念頭にあったからだろう。

二〇一五年五月には、岸田文雄外務大臣が日本の外相として、はじめてキューバを訪問した。岸田外相はラウル・カストロ議長やロドリゲス外相と会い、キューバ・アメリカの国交正常化問題やキューバの経済改革問題、日本との貿易、投資拡充について話し合った。

現議長、外相との会談と相前後して、岸田氏はフィデルの自宅に招かれ、フィデルと四十五分近く会談した。フィデルは「日本人は勤勉で日本製品は優秀だ。日本とは常に友好関係にあった」と述べた。広島市出身の岸田外相に対して、二〇〇三年に広島を訪問して原爆資料館を見学したときの思い出や核兵器の脅威について語り、岸田外相の親族には被爆者はいないのかと質問した。岸田氏は会談後、記者団に「核兵器廃絶について思いを共有できた」と語った。八十八歳のフィデルは「日本人に深い敬意を抱いている。次はもっと時間を取って話したい。」と言って、岸田氏の帰り際にはわざわざ椅子から立ち上がり、見送った。(25)

注

（1）Fidel Castro Ruz (ed. Partido Comunista de Cuba), *Primer Congreso del Partido Comunista de Cuba. Informe Central*, 1976; 宮本信生『カストロ―民族主義と社会主義の狭間で―』中央公論社、一九九六年、一二三頁

（2）Discurso Pronunciado por el Comandante Fidel Castro Ruz, Primer Secretario del Comite Central del Partido Comunista de Cuba y Primer Ministro del Gobierno Revolucionario, en el Acto Clausura de la Primera Conferencia de Solidaridad de los Pueblos de Asia, Africa y America Latina (Tricontinental), en el Teatro Chaplin, la Hhabana, el 15 de Enero de 1966　(Departamento de Versiones Taquigraficas del Gobierno Revolucionario). <http://www.cuba.cu/gobierno/discursos/1966/esp/f150166e.html>.

（2）*ibid*

（4）伊高浩昭『キューバ変貌』三省堂、一九九九年、二一二～二一三頁

（5）同右、二一四頁

（6）「カストロ議長訪問の狙い読めず　米に気兼ね、外務省複雑」『朝日新聞』一九九七年十二月十四日、二面

（7）伊高 前掲注（4）、二一七頁
（8）「カストロ・キューバ国家評議会議長と村山首相、河野外相との会談〈要旨〉」『朝日新聞』一九九七年十二月十四日、七面
（9）伊高 前掲注（4）、二一八頁
（10）同右
（11）『朝日新聞』前掲注（8）
（12）伊高 前掲注（4）、二二〇〜二二一頁
（13）同右、二二四〜二二五頁
（14）「キューバ共和国フィデル・カストロ・ルス国家評議会議長兼閣僚会議議長　広島訪問時の歓迎昼食会でのスピーチ」（二〇〇三年三月三日）
（15）同右
（16）「来日　ヒロシマで献花、カストロ親子と原子力の微妙な関係」『Yomiuri Weekly』二〇〇三年三月三十日、一七頁
（17）田中三郎『フィデル・カストロの「思索」─人類の経験を背負う人』同時代社、二〇一一年、一六三頁
（18）“Fidel Castro homenajea en Hiroshima a víctimas de bomba atómica”, *terra*, 3 de Marzo de 2003. <http://noticias.terra.com/noticias/Fidel_castro_homenajea_en_hiroshima_a_victimas_de_bomba_atomica/act136697>
（19）La Batalla de Ideas, nuestra arma política más poderosa, proseguirá sin tregua. Discurso pronunciado por

el Presidente de la República de Cuba Fidel Castro, sobre la actual crisis mundial, al tomar posesión de su cargo. La Habana, 6 de marzo del 2003.（日本語訳は、戸井十月『カストロ、銅像なき権力者』新潮社、二〇〇三年、二四四～二四五頁）

（20）「キューバ　ゲバラ没後40年式典　59年広島訪問、元側近秘話語る」『毎日新聞』二〇〇七年十月九日、大阪夕刊、二面

（21）"Las contradicciones entre la política de Obama y la ética", *Gramma*, 4 febrero 2009.

（22）"El discurso de Obama en el Cairo", *Gramma*, 8 junio 2009.

（23）"Fidel Castro lauds Nobel prize for Obama", *Reuters*, Oct 10 2009.<http://www.reuters.com/article/2009/10/10/us-nobel-peace-obama-castro-idUSTRE5991C120091010>

（24）「カストロ前議長『来年福島へ』　震災支援者らとハバナで語り合う」『朝日新聞』二〇一二年三月三日、十三面

（25）「外相、カストロ前首相と会談―異例の歓待『日本人に敬意』」『日経新聞』二〇一五年五月四日、四面。二〇一六年九月、安倍首相は国連総会出席の後、日本の首相として初めてキューバを公式訪問し、ラウル・カストロ議長と会談した。フィデル・カストロとは私邸で会談し、首相は北朝鮮の核問題解決への協力を求めた。フィデルは「キューバでも広島・長崎の悲劇が広く語られている。日キューバは核のない世界をつくることで一致している」と述べた（「『核ない世界で一致』、フィデル・カストロ氏と会談、首相」『日経新聞』二〇一六年九月二十三日夕刊、三面）。

Ⅳ　ゲバラが撮った原爆慰霊碑の写真

二〇〇七年は、キューバ革命の英雄チェ・ゲバラの没後四十年だった。ゲバラは、一九六七年十月八日、南米ボリビアの標高二千メートルのイゲラ村で、ＣＩＡ支援の政府軍とゲリラ戦を演じた。ライフル銃を撃ちつくしたゲバラは、捕らえられ、翌九日、機関銃で撃ち殺された。三十九歳であった。

それより八年前、一九五九年七月二十五日、ゲバラは広島を訪問した。

ゲバラ団長は、慰霊碑前で、広島県庁の見口係長の説明を黙ったまま、ただ聞いていた。資料館を見学している間、寡黙だった。

帰国後、その感想を革命軍の機関誌『ベルデ・オリーボ』（一九五九年十月十九日）に載せた。

ヒロシマで見聞きしたイメージを、写真でも表現した。帰国後、カメラを肩にかけ、「広島について言えることは、このフイルムにとってある」とフイルムをかざすゲバラの姿を、マテイルデ・サンチェス著『チェ・ゲバラ　情熱の人生』（スタジオ・ナダ）が掲載している。

広島を撮った写真は、二、三点しか公表されていない。その一点、「平和記念公園全景」が、上

【写真】ゲバラ撮影の慰霊碑の写真

チェ・ゲバラ研究所所蔵（南々社『がんぼ』二〇〇八年一二巻掲載）

野清士氏（中南米文化研究家）によって、中国新聞文化面（二〇〇五年二月十九日）[1]で紹介された。その構図は、原爆慰霊碑と原爆ドームを遠景に据えて、慰霊碑前面の広場には、誰もいない。黄昏の平和記念公園は、森閑とした空間として写し撮っている。

一見して、ゲリラの眼が捉えた心象を撮ったという感じだ。

ゲリラ戦では、敵の姿形を視野に入れて、銃器で撃ち合い、戦禍を眼で確認できる。ゲリラ戦の対極にあるのは、無差別大量破壊兵器を使う核戦争だ。爆撃機B29エノラ・ゲイの乗組員は、投下高度九千六百メートルでは、攻撃目標の広島市民、軍人の姿を、眼で直接捉えようもないまま、原子爆弾の投下ボタンを押した。エノラ・ゲイは、そのまま旋回し、帰投した。地上では、人々も街区も何もかも一瞬にして、消滅した。

ゲリラ戦士ゲバラは、その眼で、人類史上初の核戦争の戦跡を原爆資料館で見た。それは、「胸が引き裂かれるような場面である」。誰もいなくなった広島の地形模型を、凝視した。ゲバラは、街頭写真家として、稼いだ経験がある。その腕で、心象風景を表現したのが、平和記念公園の全景写真であろうか。

ゲバラの広島訪問三年後、一九六二年十月に、十月危機（キューバ危機）が起こった。ゲバラ工業相は、危機の間、革命軍司令官に起用される。広島の惨禍を見たゲバラ司令官だが、核戦争を覚悟し、たじろぐことはなかった。

危機は、回避されたが、キューバの頭越しにアメリカと交渉したソ連の大国主義に猛反発した。

ゲバラは、非ソ連型社会主義を志向し、新しい革命の場を求める。カストロ首相は、キューバに対して、敵視政策をとるアメリカに対抗するため、ソ連の支援を受け入れざるをえない。二人は、革命路線を異にするようになり、袂を分かつ。助っ人ゲバラは、キューバを去り、ライフルを手に、新しい革命の地を求めて、コンゴ、ボリビアを転戦し、憤死した。

カストロは、志半ばにして、非命に倒れた盟友ゲバラを、革命の英雄として、遇している。そして、若き日に、ゲバラが、目にした広島の地を踏みたいと思いつづけ、二〇〇三年三月三日、四十四年ぶりにその念願を果たした。

二〇〇七年十月八日、サンタクララ市、ゲバラ終焉の地イゲラ村、パリ、東京で追悼式や記念行事が行われた。病気療養中で八十一歳のカストロ議長は、姿を見せなかった。

注

(1)「チェ・ゲバラの「原爆ドーム」写真　上野清士　ヒロシマでの衝撃　判明」『中国新聞』二〇〇五年二十九日、四面

V　キューバと核をめぐる近況

第二次大戦終結から七十年たった二〇一五年と続く二〇一六年は、本書のテーマである核問題、キューバを含む国際・外交問題にとって様々な意味で転換点になった年である。

二〇一三年にフィデル・カストロの信奉者であり、晩年はキューバでがん治療を受けるほどの親キューバ派だったベネゼエラのチャベス大統領が死亡した。同国の石油に依存していたキューバはたちまちエネルギー不足に陥った。史上初の南米出身で積極的な改革派で知られるフランシスコ・ローマ教皇の仲介もあって、ラウル・カストロはついにアメリカとの国交正常化に乗り出した。引退した兄フィデルの暗黙の了解もとりつけていたと言われる。

二〇一五年四月、パナマで開催された米州首脳会議にラウル・カストロが出席し、オバマ米大統領と五十九年ぶりの首脳会談を行った。キューバからはテロ支援国家の指定を解除し、経済制裁を停止すること、アメリカからはキューバ国内における政治的な自由、言論の自由を認めることが要望として出され、意見の相違は容易には埋まらなかったが、国交回復に向けての歩みは進みつつある。

一方で核兵器をめぐる状況は混沌としている。三月には、クリミア併合をめぐってＮＡＴＯとの対立を深めるロシアでプーチン大統領が「前年の二〇一四年には核兵器使用の準備をしていた」と告白し、さらに六月には大陸弾道ミサイル（ＩＣＢＭ）の追加配備をすると表明した。

五月にニューヨークの国連本部で開かれていたＮＰＴ再検討会議では、中東の非核化をめぐって、イスラエルとアラブ諸国、また両陣営の後ろ盾になっている米英とロシアが激突し、ついに最終文書を採択することができなかった。日本の立ち位置をめぐっても矛盾が露呈した。中国や北朝鮮の核兵器が間近にある日本はアメリカの核抑止力に頼り、外務省は日本がアメリカの核の傘の下にあることを公言し、ＮＰＯと対立した。各国首脳の広島・長崎訪問をよびかけた岸田外務相の提案に対しては、中国政府から日中間の「歴史問題」を理由に反対意見が出され、日本の提案は最終文書に盛り込まれなかった。

しかし、七月にはウィーンで行われていたイランの核開発をめぐるイラン・欧米六ケ国の協議が解決に向けて最終合意に達し、イランへの経済制裁が解除された。

九月、内戦状態にあったコロンビアで政府と左翼ゲリラ「コロンビア革命軍（ＦＡＲＣ）」が和解した。キューバ政府が和平交渉の仲介に当たり、ハバナでラウル・カストロやノルウェー、チリの代表の立ち会いの下、コロンビアのサントス大統領とＦＡＲＣのロンドニョ最高司令官が和解の握手をかわした（二〇一六年八月、コロンビア政府が内戦終結合意を発表）。(1)

翌年の二〇一六年も重要な出来事が立て続けに起きている。三月には、オバマ米大統領がキューバを訪問した。ラウル・カストロとの会談を果たし、ハバナ国立劇場での演説に臨んだ。

アメリカ大統領のキューバ訪問は八十八年ぶり、もちろんキューバ革命後では初めてのことである。オバマの帰国後、フィデル・カストロは、アメリカの経済制裁や過去のプラヤ・ヒロン（ピッグズ湾）侵攻事件に触れて、オバマ大統領に対する辛口のコメントを『グランマ』に載せた。同じコラムの中でフィデルは「（アメリカという）帝国からの贈り物はいらない」と記したが、これについてはキューバ国民の中から「贈り物なら帝国からでも宇宙人からでも何でももらいたい」という反論が出たという「おまけ」も付いた。フィデル・カストロといえども、キューバ社会の急激な変化には追いつけない事態になりつつあるようである。(2)

同年四月に広島市で開催されたG7外相会合の際に、ケリー米国務長官が岸田外相を含む他の参加国の外相(3)とともに平和公園を訪れ、慰霊碑に献花した。原爆資料館を見学したあと、ケリー氏は「衝撃的な展示だ。胸をえぐられるような展示だった。」と感想を述べ、芳名録には「世界中のすべての人が見学し、この力を感じるべきだ。」と記した。「すべての人」にはオバマ大統領も含まれるのかと問われたケリー氏は、「すべての人とはすべての人だ。いつの日か、ここを訪れることのできるすべての人の中にアメリカ大統領が含まれることを私は希望する。」(4)と答えた。

ケリー国務長官は「オバマ広島訪問」実現への露払いの役割を果たした。まるで、ゲバラがフィデル・カストロを広島へ導いたように、ケリー氏の訪問から一ケ月半後の五月二七日、オバマ大統領は安倍首相とともに広島へやって来た。伊勢志摩サミット後の短時間での立ち寄りであり、原爆投下に対する「謝罪はなし」という条件付きだった。オバマ氏は十分間程度の短い原爆資料館見学のあと、慰霊碑前で十七分間の演説を行った。「七十一年前の明るく雲ひとつない朝に空から死が降りて来て、世界が一変した。」という、それこそ「主語がない」演説の冒頭部分と後半の「私が生きている間には、この目標［核兵器廃絶］を達成することはできないかもしれない。」という悲観的な表現には、批判的な論評も寄せられたが、「わが国を含む核保有国は、恐怖の論理から逃れ、核兵器のない世界を追及しようとする勇気を持たなければならない。」という決意はプラハ演説のときと変わらなかった。

『グランマ』の電子版はBBCの記事の翻訳を掲載し、アメリカ政府の「原爆投下による第二次大戦早期終結説」を再び批判している。しかし、多くの人々が望んだ謝罪をオバマ大統領が避けた点を指摘しつつ、「『ジャパン・タイムズ』紙の調査によれば、ほとんどの日本人は大統領の『謝罪は必要ない』と答え、ここで何が起きたかを見て、なぜ、この悲劇が繰り返されずにすんだのかを考える機会になればよいと答えている。」(5)と紹介している。

オバマ大統領の広島訪問から四日後の六月一日、キューバのミゲル・ディアスカネル第一副議長がシエラ外務次官とロドリゲス駐日大使を伴って、平和公園を訪れた。ディアスカネル氏は五年後の引退宣言をしているラウル・カストロ議長の最有力後継者である。ディアスカネル氏は原爆資料館を見学し、慰霊碑に献花したあと、被爆者の証言も聞いた。直前に同地を訪問したオバマ大統領については、「広島で起きた大虐殺にオバマ氏がどんな感情を持ったかは分からないが、原爆投下は当時の米国政府がしたことだ」(6)とコメントした。ディアスカネル氏は、二〇〇三年にフィデル・カストロが「このような蛮行が二度と起こらないように」と記した原爆資料館の芳名録に「生き延びて、再建し、人間の尊厳という遺産を残すことができた人々を人類は決して忘れてはいけない。」(7)と書いた。

二〇一六年八月十三日は、フィデル・カストロの九十回目の誕生日に当たる。『グランマ』は特集号を発行し、その三頁目にはゲバラに関する記事をフィデルとのツーショット写真三枚付きで掲載した。フィデルは、特集号とは別に同日の『グランマ』電子版にも「誕生日」と題する記事を載せた。その内容の大半は自らの生い立ちを語ったものだが、後半では一転して、今後の世界情勢を憂うる言葉が出てくる。「…今日の人類は歴史上最大の危機に瀕している。…数年後には何人の人間が地球に存在しているのだろうか。」という文章に始まり、最後は広島・長崎の原爆の話題で閉じられる。

「…アメリカ大統領が訪日した際、彼の演説の中には、原爆の影響によって何万もの広島の人々が殺されたことについて、謝罪の言葉がなかったと私は認識している。無作為に選ばれた市民の生命に対する犯罪的攻撃という点では長崎も同様であった。それゆえに、平和を守る必要性と、いかなる大国であっても多くの人々を殺す権利はないということは、繰り返し訴えていかねばならないのだ。」(8)

二〇一四年から二〇一五年にかけては、キューバにとって安全保障や外交問題以外にも特筆すべきことがあった。二〇一四年三月に西アフリカで発生したエボラ出血熱に対する医療支援のため、キューバ政府は同年十月から医師・看護師の派遣を開始し、最終的には二〇〇人以上の医療団が患者の治療に当たった。海外からの医療支援者の数としては、最も多く、アメリカからは「医療を利用した外交的な宣伝に過ぎない」と批判する声も上がったが、ケリー米国務長官やWHOは献身的な国際貢献であると高く評価した。さらに二〇一五年六月には、HIVと梅毒の母子感染がキューバにおいて世界で初めて撲滅されたとWHOが発表した。国民が教育と医療を平等に受けられること、途上国の貧しい学生を無料で受け入れて、人材育成をすること、自然災害や感染症で被害を負った海外の傷病者を救援すること、こうした医療と教育を通じた「国際主義」はキューバ革命開始以来の理念でもあり、海外に派遣された医療従事者たちは、医師でもあったチェ・ゲバラの理想を継承していることを誇りにしている。

キューバにおける「国際主義」とは、かつては革命の輸出であり、それは途上国における軍事的介入も意味していた。ゲバラはその先駆けとして、閣僚の地位を捨てて、一介のゲリラ戦士に戻り、ボリビアで戦死した。その後、米ソ冷戦時代はアンゴラでの代理戦争にも派兵した歴史もある。

しかし、二十一世紀の現在、ゲバラやカストロの唱える「国際主義」は本来の意味の人道的な国際貢献に立ち戻りつつあるといえる。もちろん、アメリカの経済制裁の下、キューバ経済が非常に困難な状況にあることは確かである。政治的自由の問題、高齢化するカストロ兄弟たち革命第一世代からの世代交代の問題など、課題は山積している。半世紀にわたるアメリカとの国交断絶が解消されつつある今、ゲバラとカストロの革命の理想はどのように次世代に受け継がれていくのか、世界が注目している。

注

（1）二〇一六年十月の和平合意をめぐる国民投票は僅差で合意反対派が上回ったが、その五日後の十月七日にサントス大統領にノーベル平和賞が授与されることが決まり、和平交渉の行方が今後どうなるのか、世界的に注目されている。

（2）「オバマ氏の演説『口先だけ』カストロ前議長」『朝日新聞』二〇一六年三月三十日、十三面；「カストロ氏のオバマ氏演説批判　キューバ国内で反発相次ぐ」同右、二〇一六年四月二日、十一面

（3）ケリー米国務長官と同行した各国の外相による芳名録の文面は以下のとおり。イギリスのハモンド外相「核兵器のない世界に向けた条件をつくるための努力を倍増しよう」、フランスのエロー外相「広島で私たちは悲劇と苦しみを忘れない。世界が安全であるためには、核不拡散は極めて重要」、イタリアのジェンティローニ外相「原爆の悲劇の記憶は未来への教訓だ」、ドイツのシュタインマイヤー外相「広島、長崎の人々の苦しみと犠牲は平和な世界を必ず実現しなければならないと警告している」、カナダのディオン外相「資料館の見学で核兵器のない世界に向けたわれわれの強い願望を強化しよう」、EUのモゲリーニ外交安全保障上級代表「最悪の爆発で破壊された残骸か

ら植物が生まれるように、平和は崩壊した歴史から生まれる」、岸田外相「歴史的な資料館訪問が核兵器のない世界の実現につながることを願います」。(「『核の脅威なくすのが義務』原爆資料館芳名録に記す　広島外相会合」『中国新聞　ヒロシマ平和メディアセンター』二〇一六年四月十二日、<http://www.hiroshimapeacemedia.jp/?p=58228>)

(4)“John Kerry makes ‘gut-wrenching’ tour of Hiroshima peace park”, *The Guardian*, 11.April.2016, <https://www.theguardian.com/world/2016/apr/11/john-kerry-becomes-most-senior-us-official-to-visit-hiroshima-peace-park>

(5)“La polémica visita de Obama a Hiroshima”, *(Internet) Granma*, 27 de mayo de 2016. <http://www.granma.cu/mundo/2016-05-27/la-polemica-visita-de-obama-a-hiroshima-27-05-2016-21-05-56>

(6)「キューバ副議長　被爆者証言聞く　平和記念公園」『中国新聞』二〇一六年六月二日、広島都市圏地方、一二五頁

(7)“Primer Vicepresidente cubano reitera en Hiroshima necesidad de desarme nuclear”, *(Internet) Granma*, 1 de junio de 2016. <http://www.granma.cu/mundo/2016-06-01/primer-vicepresidente-cubano-reitera-en-hiroshima-necesidad-de-desarme-nuclear-01-06-2016-23-06-25>

(8)Fidel Castro Ruz, “El cumpleaños”, *(Internet) Granma*, 13 de agosto de 2016. <http://www.granma.cu/cuba/2016-08-13/el-cumpleanos-13-08-2016-04-08-31>

【概説2】一九七〇年代以降のキューバ国際主義

キューバはアンゴラの内戦に伴い、一九七五年にアンゴラ人民解放運動（ＭＰＬＮ）の要請を受けて軍を派遣した。ソ連とキューバの支援を得たＭＰＬＮとアメリカ、南アフリカ、中国が支援するアンゴラ民族解放戦線（ＦＮＬＡ）やアンゴラ全面独立民族同盟（ＵＮＩＴＡ）が三つ巴の戦闘を繰り広げたが、ＦＮＬＡの降伏後、国連の第一次監視団が介入し、一九八九年にキューバ軍は撤退を開始した。これ以後、「革命の輸出」の名目の下、ゲリラ戦の支援を含め、キューバが海外に軍事的な進出をすることは事実上、なくなったと言ってよい。チリのアジェンデ政権は一九七三年にクーデターで覆されたが、二〇〇〇年になるとラテンアメリカでは選挙による左翼政権が次々に誕生し、キューバもそれらの政府と友好関係を結んでいる。ラテンアメリカ・カリブ海諸国共同体（ＣＥＬＡＣ）に二〇一一年に加盟し、トラテロルコ条約に二〇一四年に批准をしたことで、キューバはもはやカリブの「異端児」ではなく、「ユニークな革命国家」の地位を保ちつつも、ラテンアメリカ諸国内の一般国と同列の関係が築けるようになっている。

アメリカの経済制裁、ソ連の崩壊により、経済的には厳しい状況が続いているのは確かであり、その打開策として、キューバも様々な試みを開始している。主力産業であった砂糖のモノカルチャーがうまくいかなくなったこともあり、有機農法での多品種作物栽培にも挑戦している。教育と医療の無料化は維持され、国民は貧しいながらもその恩恵は受けている。特にキューバ政府はバイオテクノロジーと医学研究には力を入れ、ワクチン製造の分野では世界的にも一定の成果が得られるほど成長している。

現在、キューバの第三世界への支援は教育や医療を中心に行われている。モンカダ兵営襲撃後に逮捕されたカストロが収監された監獄島は「青年の島」と改名され、一時期まで第三世界の青少年を受け入れて教育した学校があった。自国では十分な医学教育を受けることができない貧しい国々の若者が無料でキューバの医学部で教育を受けるシステムはまだ続いており、留学制度を通して、キューバは第三世界の医学教育に貢献している。海外で自然災害や戦争が起こるたびに、傷病者の治療のため、キューバから医師・看護師が多数派遣されている。最近でもネパールの地震、西アフリカのエボラ出血熱禍においてもキューバ医療団の活躍は目覚ましかった。こうした武力を用いない「国際連帯主義」は、革命初期から計画されて実行されてきたわけではないが、米ソ冷戦とその終了にともない、国際関係が劇的に変化したことで、キューバの内政・外交も自然に変化せざるを得ず、本来の革命の目的である「平等の実現」や「第三世界との連帯」は、こうした形で平和的に進められている。

参考資料

【参考資料1】

キューバ核問題関連年表

キューバ	世界、日本
一九五九年	**一九五九（昭和三十四）年**
1・1 バチスタ大統領国外逃亡。カストロ政権掌握 6・12 ゲバラを団長とするアフリカ・アジア親善使節団がハバナ出発 7・15 東京着 7・25 広島訪問 7・27 羽田発 9・8 ハバナ到着 11・26 ゲバラ、国立銀行総裁就任	8・5 第五回原水禁大会が広島平和記念公園で開会。英・米・西独の代表六人が大会運営を批判して脱退
一九六〇年	**一九六〇（昭和三十五）年**
2・4 ミコヤン・ソ連外相キューバ訪問 3・17 アイゼンワー米大統領、プラヤ・ヒロン侵攻（キューバ侵攻秘密作戦）承認→米・キューバ敵対関係となる	2・23 フランス、第一回目の核実験実施

【参考資料1】

5・8 キューバ、ソ連と外交関係樹立

7・16 ソ連、中国に派遣中の技術者引き揚げを通告。中ソ対立↓中ソ国境紛争起こる

7・23 キューバ、中国と貿易・科学技術・文化協定に調印

11・8 ケネディが大統領に当選

一九六一年

1・3 アイゼンハワー政権がキューバと国交断絶

2・24 ゲバラ、新設の工業相就任

4・15 米爆撃機がキューバ爆撃↓カストロの追悼演説で「社会主義革命」を初めて宣言

4・17 米支援キューバ傭兵軍、プラヤ・ヒロン侵攻（ピッグズ湾事件）

5・1 カストロ首相がハバナ宣言（革命は社会主義的性格）

一九六二年

2・3 ケネディ大統領がキューバ全面禁輸・経済封鎖を発表↓キューバ、ソ連に接近

7・31 ゲバラ、クリミア半島でフルシチョフと会談、核ミサイル配備協定にサイン

6・18 新安保条約自然承認。安保阻止行動で三十三万人が国会を包囲

8・6 第六回原水禁大会本会議総会が東京・千駄ケ谷の都体育館で開会（外国代表百人）

8・9 第六回原水禁大会総会で全学連主流派が脱退

一九六一（昭和三十六）年

6・3 米ソ首脳、ウィーンで核実験停止を協議

8・12 第七回原水禁大会本会議総会が東京・台東体育館で開会（二十七ケ国、百十二人）

8・14 第七回原水禁大会開会。社会党、総評が原水協執行部に不信任を声用

8・15 民主党、全労系が核禁会議の初大会を開会

一九六二（昭和三十七）年

8・4 第八回原水禁大会本会議総会が東京・台東体育館で開会（十一ケ国、八十六人）。社会党系が「あらゆる国の核実験に反対」を主張

9・2	ソ連・キューバ軍事経済援助協定調印
10月中旬～11月下旬	キューバ・ミサイル危機（ゲバラ、ピナル・デル・リオ方面革命軍司令官の任務）
10・22	米、キューバにミサイル基地建設を探知
10・23	米による海上封鎖
10・28	フルシチョフ首相、ミサイル撤去を決定

8・6	第八回原水禁大会最終日、「ソ連の核実験に反対」する社会党・総評系が共産党・海外代表に押し切られて、千人が総退場、分裂状態で閉幕
	第八回原水禁大会広島大会は市公会堂で二千五百人が参加。ソ連、中国、北朝鮮の三ケ国代表五人が退場。騒然とする中、米ソ両国の核実験競争に抗議する電報を打つことを決めた
10・22	ライナス・ポーリング（カリフォルニア工科大教授）がケネディ大統領に「核の不使用要請」を打電。主婦や学生がホワイト・ハウスや国連本部にピケを張り抗議
10・23	イギリス各地の労組、大学で抗議運動始まる
	米東部の大学生がホワイト・ハウス前で「話し合いによる解決」を要求してデモ
10・27	伊ミラノなどで二百万人以上が危機回避デモ
	中南米各国で「カストロ支持」「封鎖解除を要求」した運動盛り上がる→日本の原水禁団体・平和運動は沈黙

一九六四年

1・13 カストロ首相、訪ソ。長期通商協定（中ソ対立激化の六四、六五年の対中国貿易実績は伸張して接近。六六年に反転、中国は砂糖輸出減少。カストロは非難声明を『グランマ』に掲載）

一九六三（昭和三十八）年

7・25 部分的核実験停止条約（モスクワ条約）を米英ソ三国が仮調印。北京放送は批判→中ソ対立激化

7・31 中国が部分核停批判声明

8・2 日本政府、部分核停加盟を閣議了承

8・5 第九回原水禁世界大会（広島・平和公園）が社会党・総評系抜きで開会→原水禁運動分裂

8・6 原水禁世界大会国際会議（広島）で米英ソ三国の部分核停の評価を巡って、中ソ代表が応酬

一九六四（昭和三十九）年

7・26 原水協主催第一回原水禁世界大会と原水爆被災三県連主催原水禁広島、長崎大会の両大会に出席するソ連代表（ジューコフ団長）ら六人来日

7・30 第十回原水禁世界大会国際会議開会（東京）五十八ケ国七国際団体二百五人参加。ソ連、世界平和評議会代表に対する攻撃しきり

11・4　ロシア革命四七周年記念式典に出席するためゲバラ代表がモスクワ訪問
12・9　ゲバラ、第十九回国連総会に出席

一九六五年

1月～　ゲバラ、各国へ外遊
2・27　ゲバラ、アルジェでソ連外交について「帝国主義的搾取の共犯者」と批判
3月　ゲバラ、工業相を辞し、コンゴへ向かう
10・3　キューバ共産党結党。ゲバラは不参画（ソ連型社会主義憲法制定）

一九六六年

1・3　ハバナで三大陸人民連帯会議

7・31　原水禁世界大会国際会議二日目、中国系代表が役員を独占して、ソ連代表がボイコット
8・7　米議会、トンキン湾決議
8・15　ソ連ジューコフ団長が会見で「世界大会は中国の移動サーカスだった。来年も北京の人形芝居が行われるのなら、参加できない」と表明
10・15　フルシチョフ党第一書記兼首相解任。ブレジネフ第一書記、コスイギン首相就任
10・16　中国、第一回目の核実験実施

一九六五（昭和四十）年

8・5　第十一回原水禁世界大会広島大会、四十八ケ国五国際団体の百四十六人が参加
8・6　（禁）被爆二十周年原水禁世界大会十ケ国二国際団体の五十六人が参加（広島市本川小学校）

一九六六（昭和四十一）年

ゲバラ、コンゴを引き上げ、チェコ等を経由してボリビアに潜入。ゲリラ活動開始

一九六七年

10・8　ゲバラ、ボリビアで捕縛され処刑

8・2　第十二回原水禁世界大会予備会議で、親中国派の英、豪など十六ケ国三十二人の海外代表が、世界民主青年連盟（ソ連系）の出席を不満としてボイコット。ソ連平和委のフォードル・ザハロフ団長が会見で「原水禁会議の大会のみに参加」

8・5　第十二回原水禁世界大会本会議総会（本川小）七ケ国十八人参加。（禁）被爆二十一周年原水禁世界大会国際会議（新広島ホテル）ソ連など十五ケ国四国際団体四十三人が参加

一九六七（昭和四十二）年

8・1　（禁）被爆二十二周年原水禁世界大会国際会議（九段会館）にソ連は代表送らず、十一ケ国四国際団体二十五人が参加

8・4　第十三回原水禁世界大会本会議総会（小石川運動場）十一ケ国二十五人参加

12月　日本の国会において初めて「非核三原則」という用語が登場

一九六八（昭和四十三）年

7・1　ワシントン、モスクワ、ロンドンで核拡

一九七二年

7・11　第二十六回コメコン総会が キューバ加盟承認と同時に原発建設を計画（石油節約が目的）

一九七五年

5・30　米（カーター政権）・キューバ両政府が、相互に利益代表部設置を合意

一九七六年

4月　ソ連とソ連製軽水炉式原発建設協定調印

一九八六年

2月　キューバ共産党第三回大会で採択された「キューバ共産党綱領」に新に「核廃絶の課題」を付け加えた

散防止条約（NPT）調印（六十二ケ国調印）。日本批准は一九七六年

一九七四（昭和四十九）年

5・18　インド、第一回目の核実験実施

一九七九（昭和五十四）年

3・28　米スリーマイル島原発事故発生

10・17　中ソがモスクワで関係正常化会談

一九八〇（昭和五十五）年

9・22　イラン・イラク戦争勃発

一九八五（昭和六十）年

3・11　ゴルバチョフソ連共産党書記長就任

12・12　北朝鮮、NPT加盟

一九八六（昭和六十一）年

4・26　ソ連チェルノブイリ原発事故発生

一九八七年

カストロは米ソ関係進展を危惧、ゴルバチョフ書記長を招待

一九八八年

4・2　ゴルバチョフ、キューバ訪問

一九九一年

9・11　モスクワでゴルバチョフとベイカー米国務長官が合同記者会見し、「ソ連指導部はキューバ駐留一万余のソ連部隊撤退についてキューバ指導部と協議する」と発表。キューバ外務省は「ゴルバチョフ発言は事前の通報なしだ。国際法、両国間で締結した協定に照らして適切さを欠く」と批判

一九九二年

ソ連とコメコンの崩壊により原発建設中断

一九八七（昭和六十二）年

12・10　ゴルバチョフ・レーガン会談、中距離核戦力削減（ＩＣＢＭ、ＳＬＢＭ）協定

一九九〇（平成二）年

6・12　ロシア共和国が主権宣言

一九九一（平成三）年

1・17　湾岸戦争勃発

7・10　南アフリカ、ＮＰＴ批准

7・31　米ソ、第一次戦略兵器削減条約調印

12・25　ソ連邦崩壊

一九九二（平成四）年

3・9　中国、ＮＰＴ加盟

8・3　フランス、ＮＰＴ加盟

一九九三（平成五）年

3・12　北朝鮮、ＮＰＴ脱退表明

一九九五年

11・4 キューバ、NPT署名

12・12 カストロ初来日（村山首相、河野外相と会談）

二〇〇〇年

12・11 プーチン大統領、キューバ訪問。ソ連時代の累積債務返済と絡み、原発建設計画問題進展せず。カストロ議長はプーチンが去った後、計画打切りを表明

二〇〇二年

10・7 キューバ政府は九五年署名のNPTとトラテロルコ条約（中南米核兵器禁止条約）を批准

二〇〇三年

3・3 カストロ、広島訪問

一九九四（平成六）年

12・9 被爆者援護法制定

一九九六（平成八）年

7・8 核兵器の使用・使用の威嚇に対する国際司法裁判所の勧告的意見

9・10 国連総会で包括的核実験禁止条約（CTBT）採択

一九九八（平成十）年

5月 インド、パキスタンが相次いで核実験実施

二〇〇一（平成十三）年

9・11 アメリカで同時多発テロ発生

10・7 米英、アフガニスタン攻撃

二〇〇三（平成十五）年

1・10 北朝鮮、再度NPT脱退表明

【参考資料1】

二〇〇八年

2・24　カストロ、国家評議会議長を辞任

二〇一一年

4・19　カストロ、キューバ共産党第一書記を辞任

二〇一五年

4・11　ラウル・カストロ議長、米州首脳会議に参加し、オバマ大統領と会談

7・20　キューバ、アメリカと国交回復

二〇一六年

3・20〜22　オバマ米大統領、キューバ訪問

3・17　アメリカ軍、イラク空爆開始（イラク戦争）

12・18　イラン、ＩＡＥＡと追加議定書調印

二〇〇五（平成十七）年

9・28　イラン議会、追加議定書の実施停止採択

二〇〇六（平成十八）年

2・14　イラン濃縮再開→国連安保理による経済制裁

10・9　北朝鮮が第一回目の核実験実施

二〇〇九（平成二十一）年

4・5　オバマ大統領による核廃絶に関するプラハ演説→ノーベル平和賞受賞

5・5　広島、長崎両市長が国連のＮＰＴ再検討会議準備委員会に出席し、核廃絶を訴える

二〇一一（平成二十三）年

3・11　東日本大震災により福島第一原発事故発生

二〇一五（平成二十七）年

5・22　ＮＰＴ再検討会議、最終文書採択できず決裂

7・14　イラン・欧米による核協議最終合意

二〇一六（平成二十八）年

4・10　ケリー米国務長官、英仏独外相らととも

6・1	ディアスカネル副議長、広島訪問
	に広島訪問
5・27	オバマ米大統領、広島訪問
10・27	国連総会で核兵器禁止条約決議案採択（賛成百二十三ヶ国、反対三十八ヶ国、棄権十六ヶ国。核保有国の一部とNATO加盟国の多くは反対したが、中南米諸国（キューバを含む）やアフリカ諸国のほとんどは、賛成票を投じた。被爆国日本は棄権ではなく、反対側に回ったため、被爆者団体や内外の反核運動組織から強い批判を浴びた）

【概説3】冷戦と原水禁運動

《米ソ冷戦以後の国際社会》

一九四五年二月に黒海沿岸のヤルタで開かれた米英ソの首脳会談で、国連創設、第二次大戦後のヨーロッパの戦後処理のほか、実質的に東西勢力分割が決められたため、第二次大戦後の冷戦構造を「ヤルタ体制」と呼ぶこともある。ヤルタ会談ではソ連の対日参戦も決定された。原爆開発に成功していたアメリカはソ連参戦前に日本を降伏させる必要に迫られ、それが広島・長崎への原爆投下につながったとする説も有力である。

冷戦はヤルタ会談の戦後処理をめぐる東西の対立から始まり、一九九〇年代まで続いた。冷戦における対立の場は、米ソのイデオロギー的な確執（「資本主義体制」対「社会主義体制」）、軍事的な勢力分布をめぐる争い（たとえばヨーロッパにおける「ＮＡＴＯ」対「ワルシャワ条約機構」）とともに核兵器の開発競争という分野にも広がった。一九四五年のアメリカの原爆投下に続き、一九四九年にはソ連、一九五八年にはイギリス、一九六〇年にはフランスが原爆実験に成功した。中国もソ連の協力の下、一九五八年に最初の原子炉を製造した。

核軍拡競争の歴史の頂点の一つに「キューバ危機」がある。一九五九年のキューバ革命後、アメリカとの対立が先鋭化したキューバではソ連への経済的・軍事的依存が高まり、一九六二年にアメリカの偵察機がソ連の核ミサイル発射基地を発見するに至り、アメリカとソ連はキューバを挟んで激突する危機に陥った。結局、ケネディ・フルシチョフの話し合いにより核戦争の危機は回避されたが、これが契機となり、米ソ首脳の間で「ホットライン」が引かれ、いわゆる「デタント（緊張緩和）」が始まった。

一方で、米ソ間の軍事的な緊張緩和は、同じ社会主義国同士である中ソ対立を誘発した。中ソ対立はフルシチョフのスターリン批判をめぐって、スターリン主義を擁護する当時の中国共産党が反発したことに始まるのだが、「階級闘争」「プロレタリアート独裁」というイデオロギー論争や経済改革に対する考え方だけではなく、アメリカに対する軍事的な緊張緩和をめぐっても、ソ連の「資本主義国との平和共存」「社会主義への平和的移行」路線とそれを認めない中国の対立は深まった。一九五九年にソ連側から新技術協力協定が破棄されると中国は自力で核開発に乗り出し、一九六四年に原爆実験に成功した。スターリン批判後、東欧諸国に動揺が走り、ポーランド・ポズナン暴動（一九五六年六月）、ハンガリー動乱（同年十月）が起きるが、東欧へのソ連の対応について中国は『人民日報』紙上で批判論文を載せ、キューバ危機についても「帝国主義との妥協には過去、現在、未来とも断固反対する」（『人民日報』一九六二年十一月十五日）と述べた。「プラハの春」（一九六八年）でワルシャワ条約機構軍を出動させたソ連を「社会帝国主義」と呼び、一九六九年にはついに極東ウスリー川で直接軍事衝突する（ダマンスキー島・珍宝島事件）。

中ソ対立は、世界各国の社会主義運動に強い影響を及ぼした。当時、アメリカと激烈な戦闘を続けていたベトナムはソ連・中国両国から援助を受けていたため、対立する両者の「顔を立てる」ことに苦心させられていた。ベトナム統一後は、カンボジアをめぐって、現在は南シナ海の領有権をめぐって、ベトナムは中国と対立するようになり、仇敵であるアメリカと接近してまで、中国をけん制する政策を取っている。一方、経済関係では密接な交流があるため、中越両国は決定的な軍事衝突は避けつつ、つかず離れずの微妙な外交・経済関係を維持している。

《日本の原水爆禁止運動》

広島・長崎の原爆投下後、原爆に関する日本国民一般の関心は必ずしも高くなかったが、一九五四年三月の第五福竜丸事件により、あらためて核への恐怖が認識されるようになった。同年五月九日に東京

【参考資料1】

杉並区で起こった原爆反対署名運動（杉並アピール）、同月十五日の原水爆禁止広島市民集会に続き、同年八月六日に原水爆禁止広島平和大会が開催された。杉並アピールから発展した原水爆禁止署名運動広島県協議会は原爆投下十周年である一九五五年八月六日に原水爆禁止世界大会を開くことを決定し、国内外から約五千人の代表が参加する世界大会が広島市で開催された。一九五五年九月には原水爆禁止運動を担う「原水爆禁止日本協議会（原水協）」、一九五六年八月には被爆者援護の運動主体である「日本原水爆被害者団体協議会（日本被団協）」が結成された。

しかし、日本の原水禁運動はやがて世界の冷戦体制に飲み込まれていく。日米安全保障条約に基づく米軍基地に反対する日本原水協に対抗して、自民党・民主党系の団体が一九六〇年十一月に「核兵器禁止平和建設国民会議（核禁会議）」を立ち上げた。原水協内部も、社会主義国も含めた「いかなる国の核実験」に反対する社会党・総評系と、社会主義国の核実験は平和擁護のためであるので容認し、米軍基地・安保体制反対、民族独立運動支持を運動の中心課題にせよとする共産党系に分かれて対立した。各方面から分裂回避のため調停が試みられたが、その努力もむなしく、一九六三年の第九回世界大会は分裂したまま開催されることになった。一九六五年二月、社会党系は「原水爆禁止日本国民会議（原水禁）」を結成し、原水禁運動団体は政党系列ごとに三分裂することになり、多くの一般市民が運動から離れていくきっかけをつくった。一九七七年から一九八四年にかけて原水協と原水禁の再統一がはかられたが、その後、原水禁運動は再び分裂した。

【参考資料2】

原水爆禁止世界大会におけるキューバ代表の発言集

キューバ代表は一九六一年第九回大会から原水禁世界大会に参加し、途中、不参加の年も何度かあったが、二〇一五年までほぼ継続的に代表団を派遣している。以下、原水禁世界大会でのキューバ代表による発言を再録した（なお、最初と最後のあいさつ部分等は割愛した）。

代表団による発言内容を見ると、反米・反帝国主義の主張は一貫して行われているが、その他のテーマは時代によって明らかに変化していることがわかって興味深い。一九六〇～一九七〇年代はベトナムをはじめとするインドシナ半島、アンゴラ・モザンビーク等のアフリカの旧ポルトガル植民地、そして（キューバ自身もその一員である）ラテンアメリカにおける民族独立運動への支援を強く訴える発言が多い。一九八〇年代になり、ゴルバチョフ政権によって核軍縮路線が打ち出されるとそれに呼応する意見も出現している。一九九〇年代から二〇〇〇年代になるとアメリカ主導の軍拡競争を第三世界の貧困問題と関連付けて批判し、非同盟諸国やラテンアメリカ諸国と協調し、核不拡散・核廃絶運動の促進することを強調する発言が目立ち始めている。

【参考資料２】

【一九六一年】
発言者：ファウスティノ・ペレス

（略）私たちは、カリブ海の中の小さな島の代表です。しかし、この島の人民と革命は、帝国主義者の心臓の、ど真中にやいばをつきさし、かれらから主権と経済的独立をかちとったのであります。

キューバは平和の旗を高くかかげます。私たちは、まず最初にアメリカ帝国主義者によって支持された血なまぐさい独裁者にたいし、武器をとり、この旗をかかげたのであります。そして私たちは、ふたたびヤンキー帝国主義者によって組織され、訓練され、しかも金でやとわれた雇い兵たちを、ヒロン・ビーチ(1)で打ち破ったときのその平和の旗をかかげたのであります。

キューバは、帝国主義がこれでことを終わったとは思っていません。なぜならかれらは、新しい侵略を用意しているからです。しかしながら、わたしたちキューバ国民は、男も女も民兵として立ち上がりました。どのような侵略をもふきとばすことができるのです。キューバ人民は、世界のあらゆる人民と、そしてソ連との偉大な連帯によって、これをなしとげるでしょう。

世界の安全と福祉と幸福と進歩と、そして平和をもたらす完全軍縮および諸国民の間の平和共存のために、全世界の人民が団結しようではありませんか。（略）

【一九六四年】
発言者：ポール・フェルナンデス・セバリョス

（1）（略）ラテンアメリカの全人民は日本国民とともに原水禁と平和を守る闘いで同一の立場に立っています。

また、ラテンアメリカ代表はこの大会がただ一つの唯一の大会であり、その真の大会に出席したことを喜びに思います。

10回大会の目的は、ラテンアメリカ人民の目的と完全に一致します。ラテンアメリカ人民は共通の敵ヤンキー帝国主義と闘います。ヤンキー帝国主義のラテンアメリカへの圧制の結果は明白に表われています。ラテンアメリカのひどい歴史。──文盲の多いこと、子供の死亡％の高さ、ひどい生活──がそれを表わしています。われわれ人民は共通の敵をもっており、それがヤンキーであります。人民の共通の願いは一つです。ラテンアメリカの民族解放の闘いと全世界の解放闘争は困難で多くの血を要求しました。この会場を見ると多くの青年がいます。この青年は将来の希望であり、将来の新しいみちはかれらによってひらかれます。

私は、ここでキューバの青年たちの革命時の英雄主義について話したいと思います。その闘争の中で独裁者は多くの青年を拷問し殺した。だが青年たちは勇気をもって進んでいった。この闘争のなかで、独裁者に帝国主義者が送った武器は、2万人の青年を殺した。しかし人民が真に蜂起したときには、どんな武器も役立たないのだ。独立のために立上がるものをおさえつけるものは何もないであろう。

われわれラテンアメリカの代表の中にドミニカの若い2人の青年がいるが、かれらはついさいきんまで山の中で闘い独裁者につかまり追放をうけました。かれらはすべてのラテンアメリカ人と同じ立場に立っております。いまこそ日本にきておりますが、祖国が必要とするならいつでも祖国に帰り生命を捨てるつもりでいます。

キューバ人は、ラテンアメリカの同志たち、世界の友人たちから「人民の灯台である」といわれることに誇りをもっています。

われわれは、キューバがラテンアメリカの唯一の自由の国であると誇りをもっているし、全世界の人民がそうなることを望んでいます。平和、真の平和のためにわれわれは闘っています。

さいごにわれわれの指導者カストロのコトバを伝えたいと思います。「戦争にみちびくみちは全人民に不

【参考資料２】

正を与えるのみである。平和へのみちはすべての人民が自由を獲得するみちである」（拍手）

（２）みなさん、日本原水協の招待を感謝します。いまはこの席にいないが分裂主義者[2]がいたのはじじつですが、この10回大会は、その帝国主義に対する闘争、人民の独立への闘争…これに反したのはだれでしょう。そして、どうして他の大会を支持するのでしょう。

この歴史的な10回大会に、なぜ彼らは別の道をえらぶのか。広島、長崎の悲劇は、全世界の人がわがことのようにかなしんでいるのです。

原子力は人民に役立つために活用すべきで、人類をハカイするために使ってはならない。われわれは、諸国人民を経済的に軍事的に屈従させている者がだれであるかを知っている。

ある国が、力が大きいからといって、この力によって諸国人民を屈従することは許せない。

屈従と圧政のあるところに平和はない。

ひきょうな攻撃をうける時に平和にはくらせない。

仕事のない、教育のない、たのしみのない、貧しい平和は平和とはいえない。独立のない平和もありえない。

戦争へみちびく道は、侵略と搾取と、不平等の道である。アメリカ帝国主義がこの道をあるいているのをわれわれは知っている。

カストロは「平和への道は諸国民の権利のしんがいではない。それは戦争への道である」といっている。つづいて「平和への道は、人民自身が、みずからの権利をかくとくするための道である。これをさまたげる者はだれかということをわれわれは知っている」と。

ヤンキー帝国主義は、広島と長崎のさつりくのために原爆をおとした。これは二度とさせてはならない。キューバによって示された真実は実行すべき証を示している。

【一九六八年】

発言者：ホセ・ゲルラ

（1）（略）大会の重要な課題は、アメリカ帝国主義のベトナム侵略戦争[3]に断固として反対し、世界の民族解放のために国際的連帯を強化するものであります。

われわれはまた、被爆者救援、核兵器完全禁止などの実現のための真剣な討議の場にしたいと思います。みなさんにこの会議へ参加できたことを感謝し、共通の目的のためにたたかうことを呼びかけます。

（2）（略）人類の敵による戦争目的に反対して、日本人民は立ち上がり、大きなデモや、戦闘的な集会を組織し、日本にある米軍基地に抗議し、その撤去を要求し、沖縄・小笠原の返還[4]を要求し、また米原潜寄港[5]に反対しています。

われわれはこれら日本の兄弟の闘争にあいさつを送るとともに、革命キューバの戦闘的連帯を表明します。（拍手）われわれはみなさんがそのみずからの体験を通じて、ヤンキー帝国主義の犯罪的本質を理解していることを知っています。それは帝国主義が犯したもっとも非人道的な残虐行為として、歴史は広島・長崎を記録しているからです。（拍手）

アメリカ政府はこの土地の上に核兵器を使用しました。そして今日なお被爆者が新たに生まれ、あの血なまぐさい行為の結果に苦しんでいます。

かりにも全世界の人民を苦しめているすべての悪事の責任が帝国主義にないといえるものでしょうか。搾取と貧困、何十万という子供たちが飢餓と病気のためと、学校や病院の欠乏、すなわち、地球上の何億という人類が苦しんでいる低開発の状態など、すべて帝国主義が原因であります。

ヤンキー帝国主義は諸国人民の熱望する平和にたいする障害であり、人民がその最高の願望を達成するためには、ヤンキー帝国主義を打倒するためはげしく戦う以外に道はありません。（拍手）

われわれはわれわれがまだ知らない真の平和、それは大国・小国間に平等が存在し、すべての人間が自由で、なんの条件も圧力もなく、また脅迫も従属もなく、権利を行使できる世界―そのような平和を望んでいます。

われわれは世界戦争はぼっ発しないにもかかわらず、常に争いのたえない世界という、相対的な偽りの平和の中にしか住んだことがありません。世界的戦争は起っていませんが、われわれの時代の抑圧された諸国人民と帝国主義抑圧者との対立は、たたかうことの必要性を示しています。

あらゆる分野で独占的支配を打ち立てようとする帝国主義政策は、侵略的な軍事条約を結び、つねに新しい核兵器、化学兵器、細菌兵器の製造、国境および領海の侵犯、革命の起る可能性のあるところにたいする海兵隊の干渉、諸国人民を支配するため、カイライ政府を作り、弾圧部隊を準備しています。

これが帝国主義政策であり、革命戦争を通じて、諸国人民の力強い闘争によってますます暴露されています。われわれは平和に暮すことはできません。われわれは平和を戦いとる権利を持っています。

核戦争の阻止について話されています。つい数週間前にも、国連において核拡散防止条約が提案されました。わが国人民はある少数の国々―その中には広島・長崎を引き起したもっとも残虐な帝国主義もある―それらの国々による核兵器所有を正当化するような文書の調印も承認しないでしょう。（拍手）

そのような文書のもたらすものは、世界を核兵器の所有国と一方には諸国人民の大多数である非所有国という、二つの新しい階級への分裂でありましょう。核兵器を所有しない国々がこれらの手段を持ったとしても、戦争のぼっ発は、いつはじまるというものではありません、帝国主義が核兵器を製造し、それらを基地に配備する自由を持っており、さらにベトナム戦争で小型核兵器を使用すると脅迫しています。

わが国は国連で次のように提起しました。

「そのまやかしの概念は、第三世界の諸国人民にたいする野蛮な行動、一九四五年以来意識的な形態で示されている〝局地戦争〟や〝特殊戦争〟についての帝国主義者の概念の発展および人類が現在までに知っている唯一の通常の戦争を意識的、無意識的に除外している。」

「核所有大国間に直接の軍事的紛争の存在しない平和をよそおっているが、そのような抑制がいわゆる恐怖の均衡によるものである限り、実際には帝国主義者は世界各地で戦争と侵略を推し進めることをちゅうちょしない。もっともはげしい外国からの干渉の被害者である東南アジア諸国人民に、各種の爆弾、ナパーム弾、細菌爆弾に苦しめられているベトナム人民に、ポルトガル植民地支配[6]にあえぐ人民に、人種主義とアパルトヘイトに追いつめられているアフリカ人民に、全面的な解放の目的を進めるラテン・アメリカ人民に、つねに新たな戦争の脅威のもとにいる朝鮮人民に、平和についておしゃべりするのはばかげたことである。」

ヤンキー帝国主義の朝鮮人民にたいしておこなった戦争はその証明であります。第二次世界大戦の数年後には朝鮮の国土は侵略の対象とされたのです。そこではアメリカ政府はアジアにおける最大の大敗北に見まわれたのです。（拍手）しかし朝鮮の戦士たちが決意と勇気を持ってかれらに与えた当時の打撃は比類のないものです。こんにちでもかれらは朝鮮への挑発と侵害を続けていますが、朝鮮人民は必要なときにヤンキーとたたかうかたい決意と準備をおこたりません。

昨年六月にイスラエル軍がアラブ諸国にたいして、野蛮な戦争[7]をしかけてから、アラブ諸国人民にたいする帝国主義侵略によって作られた緊張はこんにちなお続いています。

アラブ諸国の領土にかんする国連の仮協定以来、それらの土地は現在もイスラエル抑圧軍に占領されています。またパレスチナ人民はうばわれた権利の回復をめざして愛国運動を進めています。

これがわれわれをとりまくこんにちの情勢です。帝国主義の陰謀は潜行しています。抑圧された人民に課せられた歴史上の任務はたたかうことであります。世界の抑圧された諸国人民に歴史が課した任務はたたかうことです。諸国人民は英雄的なベトナムにその最も崇高な模範を見ることができます。そこでは皆殺し戦争がおこなわれています。侵略と大量ぎゃく殺の犯罪がおかされています。国際法が定めるすべての協定が犯されています。

帝国主義は戦争政策に戦略的な位置の小国において、狂暴になっていますが、敗北という言葉を知らない人民の確固たる抵抗にそう遇しています。

ベトナムはあらゆる場面で勝利を収め、敵を危険な立場に追いこんでいます。人民の正義の立場はベトナム民主共和国の四項目と南ベトナム解放民族戦線の五項目(8)によって明らかにされています。今や人民解放軍の輝やかしい攻撃と3000機を越すアメリカの飛行機をげきついした北の勝利と外交面のたたかいが並行して発展しています。パリ会談(9)において、ベトナム代表団の声が力強くひびいています。アメリカに戦争の責任があり、条件の要求はできず、相互主義も存在しえません。ベトナムは一つだけで、その人民もまた一つです。そして、それゆえ、南を解放するために敵に対して1人の人間のように統一する神聖な権利を持っています。そして、北に対するエスカレーションを前にして、ヤンキーどもはその平和の偽りの宣伝にもかかわらず、ベトナム民主共和国の領土への無差別爆撃をし続けています。戦闘的ベトナム人民は、激烈なたたかいの舞台のなかから、人民戦争は不屈であり、人民の軍隊は敵の最も装備された強力な軍隊をも打ち破ることができることを証明しました。ベトナムの輝しい歴史は、その原則を守るために武器を手にして果敢に立ち上った人民は不屈であることを示しています。(拍手)

私たちは世界で、帝国主義とのたたかいで最前線にいる人民を支援します。平和のため確固としてたたかっている人びとに対し、世界のあらゆる所から最も広い意味での連帯が表明されねばなりませんし、キューバ人民は、世界の被搾取者と被抑圧者がくりひろげねばならない正義の戦争にすべてのものを捧げる覚悟でいます。

ベトナムの道は勝利をもたらす唯一の道であります。われわれの英雄的ゲリラ戦士、エルネスト・チェ・ゲバラ少佐は、アジア、アフリカ、ラテン・アメリカ人民におくった、その歴史的メッセージのなかで、次のようにいっています。「かぎりない死者と悲劇、日常的な英雄主義、帝国主義にたいする連続的な打撃、全世界の人民の増大する憎悪の攻撃のもとで、敵の勢力を壊滅するために果す責務によって、地球上に一つ、

【参考資料2】

二つ、さらに多くのベトナムが生まれるならば、どんな輝かしい未来を遠からずわれわれは見ることができるであろう」（拍手）

ラテン・アメリカ人民は長いたたかいの困難な道を歩みはじめ、アンデス山中ではチェ・ゲバラの戦争の叫びが響きわたり、ベネズエラ、グァテマラ、コロンビア、ボリビアでは彼が範をもって示した英雄的道を進んでいます。

大陸革命においては、巨大な敵に対する共通のたたかいに人民が団結し、その国籍をとわずたたかっています。なぜならラテン・アメリカは解放という崇高な目的を有する2億同胞の祖国だからです。（拍手）戦線はあらゆる平原と山中に広がるでしょう。あらゆる場所で、チェ・ゲバラの呼びかけに答える銃声のひびきが聞かれるでしょう。

ラテン・アメリカ人民の力をだれも抑えることはできません。ヤンキーのレインジャー部隊の軍事顧問団は、チェ・ゲバラの残した言葉を心にきざみつけた人民と対決せざるを得ません。帝国主義はこのゲリラ戦士を殺すことはできませんでした。真の革命家の中にはチェ・ゲバラの思想が生きています。

ボリビア民族解放軍政治委員であるインチ・ペレード(10)同志の言葉は、この全大陸はひとつという決意を次のように示しています。

すなわち「ボリビアのゲリラは消滅していない。」「われわれの唯一・最終的目標はラテン・アメリカの解放である。」「われわれは半旗をかかげているものの、旗を巻きとってしまったのではない。」「ロマンチスト・夢想家・英雄・チェ・ゲバラの、夢み、愛した、勝利するベトナムにわれわれはなるだろう。」

真の不滅の輝ける模範であるチェ・ゲバラは世界の全人民の間に生きています。彼の戦闘の叫び声はあらゆるところで聞かれ、ベトナム人民の勝利の中に、ベネズエラ、グァテマラ、コロンビア、ボリビアのゲリラ戦において、ラオスにおいて、たたかうアフリカで、ヨーロッパの青年の大デモ行進において、アメリカ黒人の勇敢な行動で、中東の人民のあいだで、日本人民のたたかいにおいて、不正とたたかうあらゆる場所で、こだましています。

われわれキューバ人民が心の奥深く持っているのは、この精神であります。ヤンキー帝国主義から90マイルの場所に位置しているキューバは新しい生活を建設し、強大となり、各国人民の解放のために大いなる支援を与えています。われわれは、プロレタリア国際主義をその最も高まいな意味において、すなわち、必要ならば、いかなる旗のもとにおいてもたたかい、それが勝利を獲得する真の道であることを確信しつつ推しすすめています。われわれの連帯は、活動的で、物心両面にわたり、正義のためには条件を問いません。（拍手）

このため、帝国主義はわれわれの攻撃に狂ほんし、社会主義および共産主義社会建設の数年間に、われわれは常にその攻撃に直面しなければなりませんでした。プラヤ・ヒロンと10月危機[11]はわがキューバ人民の確固たる抵抗のあらわれであります。日本人民は自国領土におけるヤンキーの軍事基地に反対してたたかっています。われわれもまた、グァンタナモ[12]にわが革命的キューバ人民の独立の意志に反して維持されている帝国主義者の基地を打ちこまれています。そこでは、今まで祖国の兵士が2人、卑きょうにも殺害され、われわれの境界線を越えてあらゆる挑発行為が行なわれています。

日本人民もまたその領土にヤンキーの基地を持っていますが、反帝闘争に貴重な寄与をなす不断の行動を通じて、その撤廃を常に表明しています。（略）

【参考資料２】

発言者：ヨランダ・フェレール

（略）世界の諸国人民の共通の敵であるアメリカ帝国主義は日本をアジアの踏み台にしています。

日本には数百の軍事基地があり、沖縄は占領され、原子力潜水艦は日本人民の意志に反してしばしば、日本の港に寄港しています。

アメリカ帝国主義は、あらゆる種類の侵略を世界の諸国の人民にたいして行っております。そしてこのアメリカ帝国主義こそ23年前広島、長崎において数十万人を虐殺した下手人です。

彼らは軍事同盟を作り、解放運動を抑圧するためグリーン・ベレーを訓練し、革命の高まりをはばむためにあらゆる手段に訴えており、社会主義諸国の領土をおかし、アフリカ人民を新植民地主義で苦しめ、全世界の解放闘争を血でよごれた手で抑圧しようとしています。（拍手）つい数か月前、朝鮮民主主義人民共和国の領海で、アメリカのスパイ船「プエブロ号[13]」がダ捕されました。

ヤンキーどもは朝鮮人民に度重なる挑発を行ってまいりましたが、朝鮮人民は英雄的な歴史と伝統にそむくことなくたたかいの意志を固めております。

こんにち、東南アジアの最前線でたたかっている英雄的ベトナム人民は、諸民族の反帝闘争の先頭に立っており、勝利の道をさし示しています。

帝国主義のすべての手段、すなわちすぐれた兵器も、よく訓練されたやとい兵も、革命戦争を押しつぶすことはできません。また民族解放武装勢力の決意と力をうち破ることはできないのです。

帝国主義は今や、自国の権利と原則を守ることをみずからの使命としているこの小さな国の人民により打ち破られつつあります。人類の最大の敵はベトナム人民のたたかいの前に後ずさりし、ベトナム各地でたえざる攻撃をうけて敗走しています。

北から南に一体となった勇敢なベトナム人民は、17度線の北に南にたたかいをすすめ、化学戦、大量殺りく、拷問、核脅迫、エスカレーションをはじめとする帝国主義のあらゆる努力も、その東南アジアにおける核戦略の目的をすこしも達成することができません。

アメリカ政府の侵略とみな殺し戦争を糾弾するベトナム人民の断固たる声は、こんにちパリにこだまし、ベトナム民主共和国に爆撃をつづけながら「平和」を語るアメリカの仮面をはいでおります。帝国主義はなんら条件を出す権利を有しません。なぜなら侵略にたいして勝利をおさめつつある人民は、その血をもって権利を守っているからです。（拍手）

【参考資料２】

諸国人民は、ベトナム民主共和国の４項目、南ベトナム解放民族戦線の政治綱領に示されているベトナム人民の正義の立場を支持しています。このたたかう私たちの友人に対する物心両面にわたる連帯を日ごとに強化しましょう。（拍手）

私たちは、日本人民のみなさんが、その抗議行動、要求貫徹、デモなどを通じベトナムの友を断固支持し、日米安保条約破棄、ベトナムへの自衛隊派遣反対、米軍基地撤去のためたたかいをすすめていることを知っています。

日本人民のみなさんは、帝国主義に対したたかうことによりベトナム人民のたたかい、またアジア、アフリカ、ラテン・アメリカで今日くりひろげられている民族解放闘争に支援を与えているのです。

アジア、アフリカ、ラテン・アメリカの３大陸において、人民の闘争が発展しています。数世紀にわたって搾取され、抑圧された低開発諸国人民はベトナムの模範のなかに、なにが勝利をもたらす道かを見きわめています。

全世界人民は、ゲバラのたたかいの叫びを聞いています。わが英雄的ゲリラは死んではいません。（拍手）革命闘争のなかに生きています。ゲバラの思想とかれの模範は、帝国主義に反対するいのちを賭けた対決の中に生かされているのです。

ラテン・アメリカでは各地の山々に多数のインディオや農民の巨大なたたかいが生まれています。（拍手）これらの人びとはエルネスト・ゲバラ少佐をたたえて最高の栄誉として、武器を手にたたかいと勝利の歌をひびかせるでしょう。

ベネゼエラ、グァテマラ、コロンビアでゲリラ闘争が強化され、ボリビア山中では民族解放軍のインティ・ペレド同志が「ボリビアのゲリラは死んだのではなく、今まさに開始されたのである。」といっているように、勝利か死かの叫びがなりひびいています。（拍手）

ラテン・アメリカの人民は、真の独立のためにたたかう決意を固めています。そして革命的暴力をもって

ヤンキー帝国主義と対決するでしょう。(拍手)

アフリカ、中東の人民、アメリカ黒人、ラオス人民そしてアジアの革命運動が、帝国主義と対決しています。

略奪され、搾取されている偉大な人類は、真の解放の道を前進しています。帝国主義が人民の幸福な生活を妨げているために、まだ真の平和を知りませんが、人民はその熱望する、正しい真の平和のために断固としてたたかう決意をしています。(拍手)

ヤンキー帝国主義から90マイルのところに位置するわが国人民は、同じ戦線でたたかっています。われわれは帝国主義のたえまない挑発と侵略を前にして、休みない労働を通じて、社会主義、共産主義社会を建設しています。(拍手)

革命的キューバ人民は、諸国人民の解放闘争と戦闘的連帯を結んでいます。そしてこんにちの反帝闘争のなかで、敵を打倒するため世界の各地で最後の勝利までたたかう用意があるという立場を堅持しています。

ベトナムで、あるいはアジア、アフリカ、ラテン・アメリカの反帝戦線でたたかうこと、これが真の国際主義にたいするわたしたちのかんがえであります。(拍手)

キューバ人民は重ねて日本人民に、そして被爆者のみなさんに連帯の気持ちを表明するとともに、沖縄返還、米軍基地撤去、米原子力潜水艦寄港反対、アメリカのベトナム侵略反対の日本人民の正義の闘争を支持します。(略)

【一九六九年】

発言者：サンチャゴ・フライレ

(略)日本人民は、アメリカ合衆国政府の帝国主義的、新植民地主義的、好戦的主張を拒絶するために、あらためてこの国の息子たちの決然とした意志をくみ、彼らの努力を糾合しております。

【参考資料２】

北アメリカ帝国主義は、世界反革命政策の一環として、アジア大陸の内部問題と運命にますます深く干渉してきております。アメリカは事実上その建国と同時にこの地域に野蛮な侵入を開始しました。その後、北アメリカ指導者は、ごうまんにも「アジアの国」になる「権利」があると主張し、しかも厚かましくも、太平洋は「北アメリカの湖」になるべきであるとさえ宣言しました。

アジア諸国民を従属させようというこの許しがたい主張がアメリカ外交の基礎となって、あらゆる収奪や直接干渉がおこなわれております。最近ではそのよい例として、彼らは裏切り者の蒋介石一派を支持しております。彼らはフィリピンにおけるゲリラ運動の弾圧に加わっております。広島、長崎の無防備な都市に対して、野蛮な犯罪をおかしもしました。不屈の朝鮮人民を従属させようとして失敗し、さらに最近では「特殊」戦争や「局地」戦争の戦術を用いて、ベトナム人民を相手に犯罪的な実験をおこなっております。また不当にも忘れられていますが、英雄的な防衛戦を展開しているラオス人民に対して侵略を加えております。

この許しがたい政策に対して、アジア諸国民は決然として反対し、反帝・民族解放闘争の世界的な大運動のなかに結集して、いわゆる第3世界の従属諸国をゆるがし、みずからこのきわめて困難な試練に身を投じ宿願である主権、独立、自決、自由などの目標を達成しようとしております。

われわれはこの大会に集まったのを機会に、戦闘的な日本人民の代表の前で、わが人民が一貫して、闘争の正義の事業を支持していることを再確認したいと思います。（拍手）わが人民はあらゆる勢力を結集し、最も便利と思える闘争の道を選んで、神聖な権利を獲得するために反米闘争をおこなっております。われわれはとくに、この偉大な運動の戦闘的な前衛として、すでに述べたような歴史的目的を達成するための最も模範的な、高尚な、確実な表現である革命的武力闘争の道を歩んでいる人びとに対してあいさつをおくります。

われわれはこの大会において、とくに、わが兄弟的ベトナム人民の自己犠牲的、英雄的闘争に力強い支持を表明することを提案したいと思います。（拍手）ベトナム人民は――北においても南においても、抵抗においても民族解放闘争においても―日夜貴い血と犠牲を払い、最も高い民族の理想を達成するために歩むべき道を、世界諸国民に示しております。ベトナム人民は、闘争を通じていちだん大きくなり、あらゆる分野において、戦略、政略の分野において、アメリカ帝国主義と戦う正しい方法を反論の余地のないまでに実証しております。

この第15回原水禁大会は、ベトナム人民の英雄的行為と犠牲をたたえるとともに、その英雄と殉教者に対して、また偉大な反米闘争に生命を投げ打った人びとに対して、敬意を表すべきであるとわれわれは考えます。北アメリカ帝国主義の血なまぐさいジェノサイド政策が、最初に日本の土地において最も明白な形で表われ、広島、長崎に対して侵略がおこなわれたことを忘れてはなりません。アメリカがこれに劣らず野蛮な侵略戦争を―ほかの行為と同じく皆殺し的、非人道的なやり方で―目下ベトナム人民の息子たちに対して押し進め、ナパーム弾、対人爆弾、化学・細菌兵器など、ヒトラーの強制収容所の拡大された改定版ともいうべきものを、ベトナム人民を対象に実験していることに対して、われわれは非難の声を高めるべきであります。

軍事、政治、外交の各分野でおさめたベトナム人民の偉大な勝利は、「局地」戦争となり北アメリカの戦略を打ちこわしてしまいました。1965〜1966年乾期の反撃いらい、ヤンキーによるベトナム介入の全面的失敗が明白な現実となってあらわれております。こんにち、カマウ岬[14]において、ナンボ稲作地帯[15]において、高原地帯において、ヤンキー遠征軍は連日敗退し、腐敗したサイゴンかいらい政権はくずれつつあります。

このような事実に直面して、アメリカ政府はやむなく政治工作をおこない、ベトナム人民の勝利を否定できない現実として受け取り、それにともなってベトナム人民の正当な代表であるベトナム民主共和国と南ベトナム共和臨時革命政府の存在を認め、その結果パリ会談をはじめることになりました。

しかし、ベトナムにおける完敗にもかかわらず、アメリカ帝国主義者は敗北をあきらめ切れず、世界の世論と国内世論をだますために新しい計画をたて、ベトナムにおける立場と利益を強化しようとしております。最近のニクソンの８項目提案[16]をはじめ、チュー・キ一派[17]がとなえるばかげた選挙のまねごとが、そのよい証しであります。

われわれはキューバ代表団の名において、ヤンキーおよび衛星諸国の軍隊をベトナム領土から全面的かつ無条件に引き揚げることを、ベトナムの現状を真に解決する前提条件とすべきだという正しい要求に対して全面的な支持を表明したいと思います。われわれはさらに、この大会において、臨時革命政府を南ベトナム人民の正当な代表として支持し、さらに南ベトナム解放民族戦線が提案し、臨時革命政府が採用した10項目解決案[18]を支持する声明が、記録にのせられるよう提案したいと思います。

アメリカは無責任に世界各地に軍事基地をおき、多くの地域に核兵器を持ち込んでおります。彼らの飛行機は恐るべき核兵器を積んで空中を飛び回り、破壊的な事件をひきおこしております。彼らの原子力潜水艦は、各国民におかまいなしに、海水を汚染しております。

以前にもわれわれは指摘しましたが、第23回国連総会にいて一致をみた核拡散防止条約は、完全な世界の軍縮と全面的な平和を求める人類の正しい願望を満たすものではありません。

わが国キューバは、主権と自由、さらに真の革命の所産を、わが民族の威信を達成するうえで直面する危険にかかわりなく、権限として許されるすべての手段によって、主権と自由、さらに真の革命の所産を防衛できるという当然の権利を、機会あるごとに繰り返し主張してきました。

われわれはラテン・アメリカにおける非核武装地帯の創設が誤りであることを、この演壇から告発します。その誤りはわれわれの国々に存在している原爆施設を撤去することからアメリカ帝国主義―アメリカ大陸における唯一の原爆国家である―を免罪することになりますし、その基地からかれらは大陸的警察勢力である恐怖政策を実施しているのであります。

ここにいるわれわれの代表は、世界におけるわが人民の偉大な利害と熱烈な関心をはっきりと明言したいのであります。この平和のために、わが民族を擁護して、あらゆる種類の危険に直面することが必要なさいに、我が国の決定的瞬間に、全く無欲かつ高邁な犠牲を捧げえたと信じております。

われわれは安全な環境のなかで、新しい生活をきずくことを認められるべきだと期待しています。そしてその安全保障を受けるに足るものであることを願っています。そしてそのことは流血とか、悲しみ、あるいは他国の人民の抑圧に基づくものでないことを承知しております。われわれは世界が帝国主義から最終的に解放されること、帝国主義の世界政策につきものの戦争の危機から解放されることを望んでおります。

代表のみなさん！　この原水協の第15回大会は、ベトナム戦争の存在とは別の、重大な国際的事件のなかで開催されています。北米帝国主義の侵略政策は、直接に、あるいはその小さな共犯国を通じて他の地方や領域に明白にあらわれております。中部ヨーロッパの情勢は、西ドイツ報復主義者の野望の必然的結果である重大な脅威をはらみ続けています。ファシズム―それはヨーロッパ大陸を荒廃させる恐ろしい生きものですが―が軍事的および領土拡張主義者の要求に浸透して、ふたたび頭をもたげています。侵略と威圧の道具として、第2次世界大戦後、アメリカの指導でつくられた大西洋軍事同盟は、同時にかれらの頑固な反共主義のとりでとして、その政策を固執しています。中東では、イスラエル政府のための、ユダヤ民族主義がアラブ諸国のグループに対する１９６７年6月の侵略戦争[19]の成果をずっと存続させようと意図しています。

われわれはまた、ドイツ民主共和国とその追求している政策、および同国の提案している正当な解決を国際的に承認するためのわれわれの支持を明言するために、この機会を利用したいと思います。

われわれはそのことがヨーロッパにおける安全保障の気運に到達するものと思っています。これと同様にわれわれは民族的な基本的権利を擁護するために、ユダヤ民族主義者の帝国主義的侵略と対決しているアラブ人民との戦闘的な連帯を表明したいと思います。そしてとりわけ、パレスチナのアラブ人民を支援し、かれらの自由と祖国を確定するために勇敢に戦っている前衛的な戦闘組織を支援することを確言したいと思います。ブラック・アフリカの人民も古典的植民地主義、新植民地主義、帝国主義に対する積極的な闘争に努力を集中しており、この解放者たちの努力の具体的表現として、かれらの政治的前衛組織つまり、PAIGC、MPLA、FRELIMOがCONCP[20]に集約されているいわゆる「ポルトガル人の植民」に対するアフリカ人民の闘争が強力に盛上っています。北アメリカ帝国主義とその政策からの離別が、あらゆる地域で新しい原動力となっております。植民地総督であるロックフェラーの訪問を拒否するラテン・アメリカの大衆の精力的な活動が、その立派な証拠であります。かれらの戦闘的なデモンストレーションで、新しいラテン・アメリカの殉教者の血で汚されています。ラテン・アメリカの人民は、不撓不屈の反逆精神を示し、またかれらの愛する祖国をアメリカ帝国主義者の支配からたちきるための強固な意志を表わしています。そしてその意志は、わが人民の英雄的なゲリラ指導者であるエルネスト・チェ・ゲバラ少佐の生涯と業務に具体化されています。

われわれの兄弟、ラテン・アメリカ諸国民にたいして、わが国民の最高の権威、われわれの革命の指導者フィデル・カストロ少佐の名において、われわれは断言します。―われわれはラテン・アメリカ諸国のあらゆる革命運動を徹頭徹尾、断固として支持します。アメリカ大陸における真の革命はすべてキューバ人民の力づよい支持をうけるでしょう。正当な国民的権利の獲得をめざす黒人たちのたたかいが、いまアメリカ合衆国のどまんなかであらゆる束縛をのりこえて発展し、人種差別主義の、アメリカ社会の見せかけの繁栄を大きくゆさぶりつつあります。この人たちにたいしても、われわれは激励と支援のあいさつをおくりたいと思います。

代表のみなさん、われわれの友人、日本国民の感情と戦闘性の証しであるこの大会に出席することは、わたくしどもの大いなる名誉であります。われわれは広島、長崎の殺りく者どもにたいする日本国民の怒りに心から共感します。われわれはまた日本の領土、沖縄・小笠原にかんする日本人民の要求をつよく支持しま

す。そして、アメリカ帝国主義とたたかう日本人民にたいする連帯の意志を表明したいと思います。（略）

発言者：ホセ・モリナ・マウルオ

（略）世界のすべての人びとにとって、広島は、アメリカ帝国主義政策の野蛮さの象徴となっています。これはこんにちベトナムのビィンリンやタンニン[21]、その他の都市でも同様に見ることができます。また朝鮮の兄弟人民に対し為された、さきの侵略戦争がそうでした。しかしこの時は、アメリカ軍は惨たんたるぶざまな撃退をこうむり、偉大な朝鮮人民の勝利となったのです。（拍手）

この大衆行動は帝国主義に反対する信念の高まりを表明しています。そして私は次のことを知っています。

ここ広島で統一された行動をとっている人びとの最高の歴史的目的とは、日本人民すべてにとっての目的なのです。

日本人民のあらゆる努力は、民族の主権と独立を守ることにかかげられています。

広島のみなさんの闘いに対しての、断固とした支援の決意をこめて、わたくしはこう述べたいと思います。がまんのならないアメリカの占領に対し闘う日本人民の正当な復帰運動を心から支援します。（拍手）

日本人民の基本的人権を無視し、世界支配の意図、抑止的戦争政策をやめようとしないアメリカ帝国主義に対する、広島を初めとする日本人民の正当な憤りを、われわれはともに分かつものです。（略）

特に、アジア、アフリカでは、自由の回復のための反帝主義と自由獲得の闘いがいま力強く展開されています。

世界各地でアメリカの支配と攻撃が再び激しくなっているこんにち、誠実な心を持つ世界のすべての人びとが為すべき課題とは何でしょうか。それは戦闘的団結の発展と強化であります。アメリカ帝国主義の戦争のまやかしと挑発に反対し、日本人民の利益を守って立ち上がっている広島のみなさん、わたくしたちは心からの熱烈な支援のあいさつを送ります。みなさん、闘いは必ず核兵器の完全禁止と人類による社会正義のための諸要求実現と、最終的な真の世界平和達成に貢献することでしょう。（略）

【一九七〇年】

発言者：レオポルド・アリサ

（略）日本人民は、アメリカ帝国主義によって始められた、原子力時代のジェノサイドという蛮行の跡を肌で感じた最初の人たちなのであります。

私たちはここに、退廃的かつ反動的な政治体系によるジェノサイド戦争の押しつけを通じて、人類を奴隷化しようとする、帝国主義者の意図と戦わざるを得ない、他の国々の代表と共にあるのです。

私たちは、私たちが、つどっているこの大会の場を借りて戦闘的日本人民の代表の方々の前で、次のことを再確認したいと思います。つまり、それは反米闘争の正当性と、神聖なる皆さんの権利の獲得のたたかいの正当性に対するわが国人民の変わらない支援です。

広島と長崎に対する侵略で、アメリカ帝国主義によるジェノサイドという政治的流血が、最初に、最も明白な形で示されたのが、この日本の地であったということを、私たちは記憶しています。

第二次世界大戦以来、第三世界の国々や、最も骨身をけずっているアジア大陸の国々は、アメリカ帝国主義の攻撃性を感じとってきました。世界制覇の宿願のもとに、アメリカ帝国主義は恐喝の実践を通して、宣戦布告なき戦争の政策を世界に押しつけました。

アメリカ帝国主義は、十五年以上前から、世界支配政策の一環として、一九五四年のジュネーブ協定[22]を踏みにじり、干渉政策をインドシナ人民への過酷なジェノサイド侵略へと移行させてきました。同時に、史上最も血なまぐさく、むごたらしい植民地戦争を支援してきました。

【参考資料2】

南ベトナムを占領し、アメリカの新植民地および軍事基地にする目的でアメリカ帝国主義は、どんな野蛮で不実な方法でも、手段を選びませんでした。彼らは軍事干渉を始め、後にはベトナムの独立、主権、および領土の保全を侵害しつつ、直接侵略戦争を遂行したのです。最も強大な経済力、軍事力を使いつつ、アメリカ帝国主義者たちは、ドルと爆弾の下で、彼らがたやすく、ベトナム人民を屈服させうると信じていたのです。しかしながら、彼らは全く間違っていました。アメリカ帝国主義が罰せられることもなく彼らの思い付きを勝手に作ったり壊したりできるような時代は永久に過ぎ去ってしまったことを、〝時〟が示してきました。

掃討、恐怖、報復、大量虐殺、焼土等の彼らの作戦行動により、アメリカ帝国主義たちは、南ベトナムに対し、数えきれない罪を犯しています。

最近五年間だけでも、アメリカは、ベトナムのような小国に三百万トン以上の爆弾を投下しました。これはつまり、第二次大戦中の四年間に投下された総量の一倍半なのです。この同じ期間に、米軍機は南ベトナムの領土に百二十万トンの爆弾を投下しました。しかしながら、超現代的な爆弾も兵器も、熱烈な愛国心と敵に対する容赦ない憎しみとに励まされた人民を絶滅させることはできないし、アメリカの侵略者たちに抗して国の独立のためにたたかっている人民の決意を、少しも和らげることはできません。

一九六八年来の戦争の激化は、戦域全体に渡って獲得された大勝利とともに、一九六九年六月における南ベトナム臨時革命政府の創立をもたらしました。そしてこの政権は、全ベトナム人民と、世界の進歩的人民、兄弟国とから全面的支援を受けています。

南ベトナム人民および北ベトナム住民により勝ちとられた勝利は、米軍機三千以上の破壊と共に、アメリカ政府民ベトナム民主共和国民に対する犯罪的爆撃を無条件でやめさせ、ベトナムに関するパリの四者会談を南ベトナム解放民族戦線の参加と共に承諾させました。南ベトナム住民の平和を希求する明白かつ不屈なる意志の下、また一九五四年のジュネーブ協定の主旨に基づいて、一九六九年五月八日、民族戦線は、ベトナム問題の政治的解決のために、十項目の提案をしました。南ベトナム解放民族戦線の十項目の決議は、ベトナム人民の基本的な国民的権利、すなわち独立と主権と領土の保全を再確認し、南ベトナムに在るアメリカおよび衛星国の軍隊の全面的無条件撤退を主張し、国内問題を外国の干渉なしに解決するためのベトナム人民の権利という正しい見地を表明しています。

　そのことのゆえに、われわれは進歩的な全人民同様、先に述べられた解放民族戦線の提案を強く支持します。

　解放民族戦線の正当な呼びかけに対し、ニクソンは予想された通り、戦争のベトナム化として知られている次の欺瞞的な計画をもって答えました。それはかいらい政府を侵略戦争継続に不可欠な手先に変え、ベトナム人民の利益に敵対する新植民地主義の永続化を南ベトナムでしようとする傾向をもっています。これらの事実は、ニクソン政府のかたくなな態度と不貞な行為が原因となって、南ベトナムでは戦争が続き、パリ会談において何の進歩もみられないということを示しています。

　もし、アメリカ合衆国が真に南ベトナム問題を平和的民解決し、すでに着手されたジェノサイド戦争を終えるつもりがあるのなら、軍隊を無条件・全面的に撤退し、侵略戦争を最終的民中止し、無謀な計画を放棄し、ベトナム人民自身の手によって国内問題を解決させることによって、南ベトナム解放民族戦線の提案に誠意をもって答えるべきです。

　一方、ラオス愛国戦線[23]は、目ざましい軍事的勝利を獲得しています。彼らは国の四分の三を解放し、帝国主義の策略を踏み倒して、大衆の全面的な支援のもとに、平和的、中立、民主的、富裕なラオスを目指す、彼らの闘争の役割りを高く保持しています。

　ラオスにおいて、アメリカ帝国主義は、航空部隊、砲兵隊、さらには、アメリカ軍事顧問団の直接指揮下にあるタイ傭兵隊と共犯関係の歩兵隊など、あらゆる有効な大量作戦を投入していますが、われわれはアメリカ帝国主義の犯罪と侵略を憤りをもって弾劾し、強く非難します。

また彼らの侵略政策をみると、全面的な敗北の前に、勝利の可能性を失い、失望して、カンボジア王国でクーデターを組織し、実現しています。このことは、われわれにCIAが組織し資金をだした、ラテンアメリカでの数えきれないクーデターを驚くほど思い出させます。ニクソンによって直接命令をうけ、南ベトナムで犯罪を犯してきている現役軍人の一部によって準備された侵略や、叛乱軍維持のためのアメリカ正規軍による侵略を命令しています。

何百という村や、水田、ゴム園、それから、人類の文化の遺産である仏教寺院や史跡などに対するアメリカ航空隊の野蛮な爆撃なしに、アメリカ合衆国によって武装され、資金援助され指揮されたサイゴンの軍隊やタイ政権の支援なくして、謀叛者ロン・ノル、シリク・マタク[24]一派は一日として維持されません。

代表の皆さん、キューバが、このような機会の度あるごとに、ベトナムや、ラオス、カンボジアの人民と積極的な戦闘的連帯を表明することは、特別な意味があります。反帝国主義の戦いを鼓舞するような原因と、人民との友好と連帯の気持を進展させるすべてのものと文句なく結びつく、積極的、感動的な意味合いをもっているのです。しかし、われわれにとって重要な意味をもつこれらの考慮を別としても、われわれがこれら兄弟人民と連帯を深めることには、より基本的な根拠があります。というのは、インドシナにおける帝国主義侵略に反対するたたかいは、自由奔放なジェノサイド戦争の中で、無防備な子供や女や老人達に対する、帝国主義側の勝利の可能性滅亡の前に、一層その激しさを加え、し烈に進めているからなのです。

この闘争が行なわれている一方、国際世論は、重要な役割を演じ、ベトナム、カンボジアおよびラオス人民の、勝利を目指してのたたかいを発展させるにあたり偉大な要素を成しています。

ベトナム、カンボジア、ラオス、朝鮮、中東、ブラック・アフリカにおける帝国主義の立場を分析することは適切なことであります。それは、好戦主義のモラルおよび合衆国政府のあらゆるぜい弱さと虚偽および不誠実さを示しており、それが故に、われわれは、かかる条件下において彼らと平和を議論することを試みることができるとは考えられないのです。つまり、彼らの立場は、いかなる合法的論議も倫理的論議も持たず、彼らの議論はすべて、うそをついたりだましたりして合意や条約を守らないことに基づいているからです。

同様に、われわれは、二十年以上も前から今日のファッショ的な南朝鮮植民地支配に至るまで維持されているアメリカ占領軍による朝鮮民主主義人民共和国挑発を告発し、また朝鮮人民の正当なる統一闘争を支援するものであります。同じく、われわれは、自らの国民としての諸権利を擁護して、シオニスト帝国主義者の侵略に立ち向かっているアラブ諸国民に対し、特に、パレスチナのアラブ人民とその民族自決、自由および故国を求めて英雄的闘争を行っているたたかう前衛機構に対して、われわれの戦闘的連帯を明らかにします。そしてまた、ブラック・アフリカの諸国人民も、古典的植民地主義、新植民地主義および帝国主義に対する積極的闘争に全力を尽しています。かかる闘争の具体的な表現として、われわれは、破廉恥な人種差別をいつまでも続ける帝国主義を告発することを提起すべきであります。南アフリカ（南アフリカ共和国）では、千四百万の「有色」住民が、「アパルトヘイト」という、白人の享有する諸権利や生活条件を「非白人」から奪うために考えられた民族隔離計画の下で、あらゆる権利を失ったまま生きているのです。南アフリカ諸国（南アフリカ共和国、南西アフリカ、ローデシア、モザンビークおよびアンゴラ）では、「有色」人民は、植民地主義および人種差別とたたかっています。そこは、三千五百六十万の全住民のうち、ヨーロッパ人は四百四十万人にすぎません。南アフリカ共和国では、全住民一千八百七十万人のうち、ヨーロッパ人は三百六十万人を数えるのみです。そして、南アフリカは、南西アフリカ（ナンビア）の不法併合によって、他の地域にもこの制度を広げようとしているのです。ローデシアにおいては、人種差別政権がテロ手段で権力を誇示しており、このような体制は、帝国主義者の支援によって、権力を維持しています。アメリカ帝国主義による直接・間接の支援に安住しているこの破廉恥きわまる植民地主義的人種差別政策は、かれらの地域において人民の強力な反対にあっています。アフリカのいわゆるポルトガル領植民地であるアンゴラ、モザンビーク、ギニアービサオおよびカポ・ベルデは、

【参考資料２】

ポルトガルの古くさい植民地主義との地帯におけるNATOの政策の単純な出しゃばりに対して、革命的武装闘争を成功裡におし進めています。ザンビアやナンビアの人民もまた、同様に、民族解放闘争の道をたどり始めました。

ベトナム、カンボジア、ラオス、朝鮮、アラブ諸国およびアフリカ諸国人民、その他、直接たると柔弱なカイライによるとを問わず、ヤンキー帝国主義の犠牲となっている諸国人民との連帯は、必然的に、あちこちで優勢な状況に応じて種々の形態を採らなければなりませんが、しかし、あらゆるところで最も激しい形をとらなければなりません。この連帯の重要性を知るわれわれは、為し得たことに従うのではなく、努力を倍加し、協力を強化し、あらゆるところあらゆる機会において、帝国主義がわれわれの闘争相手であり、また、時と所の如何を問わず、侵略を蒙っている兄弟がわれわれの援助における熱き兄弟愛を感じるように努力しなければなりません。

二千二百万人の黒人が二級の市民としての条件下に生き、かつ差別を受けている最大の帝国主義国たる合衆国自身の国内で、彼らの国民としての正当な権利のための闘争が、いやがうえにも押し進められ、それは、ヤンキー人種差別社会の恥ずべき富裕の根底をゆすぶり、そして、学生のベトナム戦争反対闘争とともに、市民権獲得闘争は、怪物の体内深くに侵入してその力を不安にせしめているのであります。

ラテン・アメリカにおいて、帝国主義はその植民地支配を公然と維持し、資本の投資と輸出によって借款とクレジットによってあるいは不平等な通商条件をおしつけ、価格操作をすることによって莫大な利益をわがものとしています。新植民地主義政策は「援助」の形をとりますが、しかし実際には、他国を従属状態におとし入れ、労働が産みだした価値を奪いとっています。農村や都市で何百万人という男女や子供たちがそのなかで生活している後進性、貧窮、無知などはこうしたアメリカ帝国主義の略奪によってひきおとされているのです。こうした状況のなかでラテン・アメリカの人民に残された唯一の道は革命です。この道は客観的現実の前ではきびしいというのは、アメリカ帝国主義とその一派の反革命の戦略に対して、あらゆる形でのたたかいによって対抗しなければならないからです。

今日アメリカはラテン・アメリカで、全力をあげてその支配を維持しようとしています。さまざまな形の革命闘争の高揚をまえにして、彼らは、ブラジル、アルゼンチン、グアテマラ、ニカラグア、パラグァイなどにならったテロルと死の体制を確立しようと躍起になっています。これらの国々では、CIAの指図のもとに、社会のもっとも基本的なルールさえ守られていません。

米州の中心部に勝利したわがキューバ革命が存在し、われわれを屈服させようという彼らの意図をうちやぶり、経済の分野でますます発展していることは、帝国主義にわが国土にたいする新たな侵略計画を準備させています。しかし、わが国の総司令であり、わが党の第一書記であるフィデル・カストロがいったように、「侵略者の汚れた足を、わが国にふみいれようとしても、彼らは、革命的人民から、何らの尊敬も期待できない。そして自由でその自由を喜んで守る用意のあるわが国に一歩を踏み入れたそのときから、ベトナムでうけた敗北にまだこりていない、ニクソン氏とペンタゴン、CIA、やとい兵たちの犯罪者の一味たちは、プラヤヒロンでうけた敗北よりさらにみっともない、壊滅的な敗北をきっするであろうということを、よくおぼえておくがよい。」（略）

【参考資料2】

【一九七一年】

発言者：コンラド・バルディビア

（略）わたしたちは、原爆資料館、慰霊碑をおとずれ、一九四五年八月六日の原爆による犠牲がいかに大きく悲惨であったかについて強烈な印象を受けました。そして、今なお苦しむ被爆者を病院に見舞い、一層たたかいの決意を新たにしたのです。わたしたちは、ここで、はっきりと約束します。わたしたちは帝国主義の中で最も侵略的で野蛮なヤンキー帝国主義に対し、世界の革命、平和勢力の勝利のために、あらゆる手段をつくしてたたかいます。この目的が達成されたならば、世界に再び、原爆による悲劇が繰り返されることはありません。

キューバ代表団が本大会に参加し始めてから数年経過しました。ここにいたるまでわが代表団は一貫して、全面軍縮、核兵器完全禁止を要求した原水協の諸決議を支持してきました。わたしたちは、全面軍縮と核兵器禁止が、世界諸国人民の平和の願いを達成する最も有効な道であることを、繰り返します。

わたしたちは、沖縄を中心とする琉球諸島返還を要求する日本国民の闘争に熱烈な連帯を表明します。この要求は、沖縄が歴史的に日本に属している事実からして合法的権利であります。わたしたちはまた、沖縄からのすべての米軍の無条件撤退、基地・核兵器・毒ガス兵器の撤去を要求するたたかいに連帯を表明します。

ベトナムにおいては、軍事、政治、外交の分野でめざましい勝利をおさめ、ヤンキー帝国主義にたび重なる打撃を与え、彼らをベトナムから撤退させ、サイゴンのかいらい政権に対する支援をやめさせ、侵略と干渉を停止させることを余儀なくさせようとしています。ニクソン・ドクトリン[25]およびいわゆる「ベトナム化」は、ラオスとカンボジアにまで戦争を拡大し、しかも手痛い打撃をこうむっているヤンキー帝国主義の新らたな失敗を明白にしています。

わたしたちは、本大会にとって重要な意味をもつ、インドシナ人民との国際連帯運動の強化に関する決議が、インドシナ人民の独立、主権、領土統一の正当な権利を真に認めていると確信しています。

わたしたちは、本年七月一日の百十回パリ会談における南ベトナム共和臨時革命政府ビン外相の提案[26]を熱烈に支持します。外相はベトナムに平和をもたらすために、受け入れられる唯一の立場を示しています。アメリカ政府は一九七一年以内に米軍撤退の期日を定めなければなりません。そのことは、捕えられたアメリカの侵略者たちの帰国が可能となるでしょう。また、アメリカ政府は、衛星国の軍隊を南ベトナムから撤退させかいらいグェン・バン・チューに対する支援をやめなければなりません。

ヤンキー帝国主義は、兄弟の朝鮮人民に対する侵略を再び強化しようとしています。パク・チョン・ヒと

【参考資料２】

かいらい政権は、朝鮮人民に対する新たな侵略と挑発を準備している国連軍の名をかたった米軍の支援によって、命脈を保っています。わたしたちは、領土南部の不法な占領に反対し、祖国の統一と民族の正当な権利のための朝鮮人民のたたかいを支持します。

わたしたちはここで、植民地主義の抑圧とたたかっているアンゴラ、モザンビーク、ギニアのアフリカ人民の闘争に熱烈な支持を表現したいと思います。

本大会は、ローデシアと南アフリカにおけるアパルトヘイト、人種主義政策に目を向けなければなりません。

わたしたちは、イスラエルに占領された領土回復のためのアラブ諸国人民のたたかい、およびパレスチナ人民の民族的権利の回復を支持します。これらのたたかいは、愛国主義的模範を示しています。

いっぽう、ラテン・アメリカでは、社会主義、進歩的革命勢力の力が日ましに強力となっていることが知られています。これらの勢力は、それぞれ異った方法で新たな勝利を獲得しており、わたくしたちは彼らに戦闘的連帯を表明しなければなりません。チリーの人民連合政府[27]は、国内の敵とアメリカ帝国主義の策略にもかかわらず、幅広い、革命的変革をおしすすめています。

ペルーのベラスコ・アルバラード将軍の革命政府[28]は人民大衆に支持されて、革命的国有化計画を実行しています。ボリビアにおいては、帝国主義とその手先による策略に対し、広はんな大衆によるたたかいが展開され、多くの可能性をもった政治状況が発展しつつあります。

また、武装闘争の形態をとっているウルグァイ人民のたたかいは、労働者階級、学生、進歩的な人びとを結集しており、注目すべき可能性を示しております。

さらに、キューバについては、世界の革命的人民の最悪の敵ヤンキー帝国主義にたえまなくおびやかされていることを強調しなければなりません。しかしキューバは、民族の自由のためにたたかっている世界の人民に対し、いつ、いかなる状況においても、われわれの連帯と支援を与える用意があることをお伝えいたし

ます。（略）

【一九七二年】

発言者：ヨランダ・フェレール

（略）わたしたちは、この大会の基本テーマが、ベトナムの正義のたたかいにたいする戦闘的支援であることに深く感動しています。ベトナムでは、アメリカ帝国主義が野蛮な皆殺しの戦争を行っており、ひとつの人民が、全人類の幸福のために、まれにみるたたかいを行っているのです。ベトナムの例は、たたかいを決意し、勝利を決意した人民は、必ず敗北することはなく、そのたたかいは、生命を守り、帝国主義支配をとり除いた真の価値ある平和を守るたたかいとなり、そしてそのたたかいによって、わたしたちの子どもたちは別の未来をあたえられるということを示しています。

わたしたちは、世界の諸民族が、アメリカ帝国主義民対する民族解放のためにたたかい、また現代のほろびつつある勢力を代表する屈従的な体制とたたかっているという、歴史的に特異な時期に生きております。

二つの勢力の関係は、完全な独立という最も高い願望をめざして、さまざまな形で進んでいる革命的人民に有利になっています。

わたしたちは、すべての人民の団結とプロレタリア国際主義の正しい実践こそ、革命のためのたたかいにおいて基本的な武器であることを知っています。

キューバはアメリカ帝国主義のほんの九十マイル先に位置しており、ラテンアメリカではじめての社会主義国となりました。そしてソ連をはじめとする社会主議諸国と固く結びついています。キューバはこのラテンアメリカ大陸の新しい時代のはじまりをつくり、キューバはこれからも新しい未来を目指してたたかう人びとと共に、前進をつづけるでしょう。

わたしたちは革命によって、帝国主義と反動勢力に反対し、解放と独立、主権を目指してたたかう諸国人民との国際連帯の崇高な理想を実践する重要さを教えられました。

キューバの歴史とその政治的運命は、帝国主義により搾取と低開発を押しつけられている、ラテンアメリカ兄弟諸国の人民、またアフリカ、アジアの諸人民の運命と不可分に結びついております。わたしたちは、正当な権利と自由をもとめ、また抑圧する者も抑圧されるものもいない新しい社会を目指すというたたかいの道を、世界のあらゆるところでおし進めています。わたしたちにとってベトナム人民支援は重大な問題です。なぜなら、世界の諸国人民にとりきわめて重要なたたかいがベトナムでおこなわれているからです。

わたしたちはいま、広島と長崎への原爆投下を想い起し、アメリカ帝国主義のおこなった残忍な犯罪行為を糾弾する気持を表明するために毎年開かれる原水爆禁止世界大会に集まっております。

わが国の首相フィデル・カストロ少佐が去る五月二十五日に語ったようにアメリカ帝国主義者はベトナムに対し、一秒間に五十三・五キログラム、一分間に三千二百キログラム、一時間に十九万二千六百キログラム、一日四百六十二万二千四百キログラム、の爆弾を投下しているのです。インドシナでは子どもたちを含めあらゆる人びとが平均して一人につき、二百六十五キログラムの爆弾攻撃をうけています。また一ヘクタールにつき六十四キログラムの爆弾が投下されています。合計すると、アメリカ帝国主義者は第二次大戦で使用された爆弾の二倍に当る爆弾を、ベトナムに対して投下したことになります。

この数字ほど、ベトナムが置かれている現実を如実にものがたり、同時に皆殺し戦争が最悪の段階に達していることを示しているものはありません。反対にアメリカのあらゆる戦争技術にもかかわらず、また科学を動員した戦争であるにもかかわらず、ベトナム人民は必ず勝利する事を信じています。そしてその勝利は帝国主義広反対する各国人民の闘争の歴史に新たな発展段階をもたらすことになるでしょう。

わたしたちはベトナム人民とともに、ベトナム民主共和国の港にたいする機雷封鎖をやめさせ、またベトナム民主共和国の領土にたいする爆撃、数百万の人命を危機におちいらせている堤防とダムにたいする爆撃をやめさせることを要求します。

【参考資料２】

わたしたちはベトナム民主共和国と南ベトナム共和臨時革命政府の立場を支持します。この立場はすでに明らかにされているように、七項目の提案[29]、とくに、そのうちの二項目にはっきりと示されています。いまや、アメリカ政府はパリ会談においてまじめに交渉しなければなりませんし、カイライ、グエン・バン・チューにたいする援助を停止する時期にきているのです。

わたしたちは、この大会が日本人民と英雄的なベトナム人民との連帯を強め、インドシナ人民の防衛戦争に貢献することを知っています。また同様に、わたしたちは、あなたがたがアメリカ帝国主議の干渉、戦争政策に反対して、日本の主権を守り、領土を回復するためにたたかっていることを知っています。

わたしたちはあなたがたにたいする全面的な支援と兄弟の連帯をとくに表明いたします。

【一九七三年】

発言者：アンドレス・ペレス

パリで行なわれた交渉において獲得された成果に見られる勝利は、ベトナム人民の滅私忍従の反米抗争のたまものとして、また、国際的連帯特にソ連に中心を置く社会主義諸国の連帯のたまものとして、われわれの誇りとするところです。

今、ベトナムの国民が必要とする再建のための、全人民の惜しみない貢献と全体的関心のみならず、ニクソン政府が現在行っている策略と侵略にたいするインドシナ人民の状況と現実のたたかいを熱烈に支援することが必要です。

原水協が、ベトナムに関してパリで署名された諸協定およびラオス人民の人民によって獲得された諸協定の遵守を断固要求かつ支持し、ヤンキー帝国主義がカンボジアで続けている侵略戦争の継続を厳しく告発するのを、われわれは支援いたします。

世界的にも重要なこの地域において、今から二〇年前に当時建国されたばかりの朝鮮民主主義人民共和国に対するアメリカ帝国主義によって起こされた野蛮な侵略に終止符を打った歴史的な板門店協定が締結されました。帝国主義の侵略に対する朝鮮人民の英雄的な解放闘争そして、最高指導者である同志金日成に率いられた朝鮮労働党の適格な指導のもとに、荒廃した国の再建とその後の社会主義社会の建設に、典型的、献身的に従事したこともよく知られています。

　国家の平和的再統一を獲得するため、そして、朝鮮の内政に対する絶えざる干渉の元凶であるいわゆる「朝鮮の統一・復興のための国連委員会」によって承認された、米軍の南における駐留による戦争の緊張を終わらせるために、朝鮮人民の行なった作業は注目に値します。最近金日成首相によって発表された五原則に含まれた提案は、外部からの干渉のない平和的統一を意味します。

　われわれは、朝鮮人民のたたかいに断固たる連帯を表明するよう勧告します。

　平和を志向する世界的な運動が起こって以来、全面的非武装、核兵器使用全面禁止および国際的集団安全保障の重要課題は、このような目的と性格を以って、世界に起こった種々の組織によってなされる国際的努力の注意を喚起しました。そのような状況において、原水爆禁止協議会が召集した今までの大会は、歴史的にも、今申し上げた目的や目標を作業のプログラムに組み入れました。それらの目的・目標に対しては、われわれは常に支持を表明してきましたし、さればこそ、真の平和獲得のためのたたかいに寄与するものとして、今回も参加を申し込んだしだいであります。まさにこの意味において、ヤンキー帝国主義やその他の旧勢力がいろんな地において人民の意志に反して維持している、外国領土における侵略的な軍事基地の全面撤廃のための、原水協不断の要求に対して、われわれの連帯を新たに表明させて頂きます。

　一方では、ソ連、ポーランド人民共和国およびチェコスロバキア間に結ばれた協定、他方、ドイツ連邦共和国との協定、さらには、西ベルリンに関して、また、ドイツ連邦共和国の上院および政府とドイツ民主共和国政府との関係に関して締結された協定、協約および条約[30]は、第二次大戦の結果として残され、アメリカ帝国主義が計画的に冷戦政策を始めるに至った、緊張と脅威の緩和へとまちがいなく導く道程であります。

今述べたすべての成果、さらにはソ連邦共産党書記長である同志レオニード・ブレジネフの最近の合衆国訪問の間に結ばれた協定[31]の実際的であることは、ソ連他の社会主義諸国および全世界に対し、力を背景にその政策を推し進めんとする意図の挫折したアメリカ帝国主義の打ち続く敗北の結果であります。これらの協定は、勢力間の国際的相互関係における歴史的変化の結果を表わし、帝国主義政策の敗北と後退、そして国際的規模における社会主義の立場の勝利を表わしています。

同時に、われわれは、帝国主義がインドシナにおける自己の敗北をすんなりとあきらめて受け入れないこと、そして、その支配力を失うと、今度は世界の他の地域、ラテン・アメリカ、中東、アフリカ、アジアで、影響力を持ち、全く反国民的な役割を果たそうとすることに気づかなければなりません。

現在の国際情勢を見れば、植民地主義政策や新植民地主義政策の特にもろい形を押しつけられてきたかなりのアラブ地域をイスラエルに暴力的に占領されることによって、いかに中東が緊張と不正の絶えざる焦点としての立場にあるかを観てとることができます。一九六七年より続いているこの状況は、イスラエルのシオニズムが英雄的パレスティナ人民に対して行なっている犯罪的ジェノサイド政策と結びついて、アメリカ帝国主義の公然と出しゃばった支持を得ています。イスラエルは、このような形で、アラブ人民の国民の利益に反して、アメリカ帝国主義政府の道具の役割を果たしているのです。

われわれは、この機会に、アメリカ帝国主義の支援と策略を背景にして、抑圧と脅威を以って、アラブの進歩勢力を分割しようとするイスラエルの戦争政策・併合政策に対し、繰り返し非難することを適切と考えています。われわれは、アラブ人民の領土解放闘争を支持し、パレスティナ人民の正当な国民としての権利の回復を求める歴史的闘争を支援します。

また、ポルトガル植民地主義が黒い大陸で続き、世界中の非難にもかかわらずNATOの提供する資材を受け、あのような政策を続けるポルトガルは、ギニア・ビソー、カポ・ベルデ、アンジェラ[32]、モザンビークの話になると、海外の領土防衛という不当な議論を持ち出すのです。

ポルトガルは支援を得たにもかかわらず、ギニア民主共和国やこれらの植民地における兄弟たちの愛国闘争を自己のものと当然感じている他のアフリカ独立国家に対する恨みの報復の侵略は成功しませんでした。かえって、新たに勝利がこれら地域の革命運動やゲリラ活動を刺激し、ポルトガル植民地に新しいそして最も恥ずべき敗北を与えたのです。

われわれは、断固として、これらの地域で行なわれている闘争を支持し、さらに、ローデシア、南アフリカおよび南西アフリカにおいて、破廉恥極まりない搾取、人種迫害・差別等の危機に対抗しているたたかいを支援します。

ラテン・アメリカにおいても独立、主権、国の富の回復、および社会的進歩を求める人民闘争の高揚が注目されます。現状は、歴史の流れとともにキューバ革命以来、かつてないほどヤンキー帝国主義にとっては、不利な状況を示しています。

チリの革命的、民主的そして進歩的な勢力の勝利と、サルバドール・アジェンデ大統領率いる人民統一政府の政権獲得は、ラテン・アメリカ大陸の新しい顔を再びわれわれに見せてくれました。チリ政府の変革計画の進展による革命のプロセスは、チリの反動少数派やアメリカ帝国主義の内外からの報復を誘発しました。チリ人民および政府の断固たる決意によって阻止された最近の軍事クーデターの試みは、ファシズムの手先と帝国主義がチリにおいて進めている明らかな反国民的態度の好例であります。

また、ペルー武装戦線政府は、国の富を取り戻し、回復する努力を進め、長い間の圧迫からインディオや貧民を解放し、同時に、独立・主権の対外政策の発展を示しています。

パナマでは、政府と人民が、いわゆる運河地帯においてアメリカ帝国主義によって占領されている領土に対する主権の完全な回復を求める大胆かつ確固たるたたかいを進め、こうした形で、政治のプロセスの徹底化をはかっています。

アルゼンチンでは、大衆勢力の最近の勝利は、この国における独立的な国際政策の直截的見通しを開いたし、アルゼンチン人民のたたかいの発展のための新しい可能性を提供しています。

一方、われわれの大陸において植民地主義が残存している恥ずべき例は、プエルト・リコの兄弟人民の場合がこれを示しています。

プエルト・リコ人民の独立闘争(33)における増大し反響する勝利の前に、アメリカ帝国主義は、石油産出国にとって危険で損害をこうむるだけでなく、大気汚染や動植物への影響を通して、この兄弟国の他の経済部門でのあらゆる可能性を破壊する犯罪的計画を始めました。

われわれは、このようなアメリカ帝国主義政府の新しい行動を強く告発します。そして、本大会に御参加のみなさん、世界の進歩的・民主的勢力に対し、プエルト・リコ人民の独立闘争に連帯して、合衆国の植民地政府の前述の計画や策略に反対するよう呼びかけます。

アメリカの他の人民の間にも、われわれの支援に値する、愛国闘争、民族解放闘争および民主的諸権利のための闘争が進められています。われわれの地域の他の諸国の中でも、ウルグアイ、ブラジル、サント・ドミンゴの情勢は、政府の専制を一掃するためのこれら人民の闘争を示しています。われわれは、ラテン・アメリカ人民の独立の獲得と保護、国民主権を求める革命的闘争に対して、不変の支援を致します。

世界中の全世論がその残酷な欲望と、あの悪魔の爆発を被曝された人びとが今日までも苦しんでおられる恐るべき結果をますます自覚して告発している広島・長崎の都市の原爆投下に表わされたヤンキーの犯罪行為の毎年めぐりくる一周年をまた迎えるに当たり、われわれは、本大会の作業において最大の成功が収められんことを願うものです。それは、日本人民のヤンキー帝国主義に対する強力な平和運動と進歩的、民主的、平和的目標の達成のための闘争に大きな貢献を意味するでありましょう。従って、われわれは、合衆国によって保護され支援された軍事同盟に貴国を結びつける軍事協定の撤廃のための、そして、全領土に対する国民主権の完全な行使のための日本人民のたたかいに対し、われわれの支持をここに再び表明したく思います。

【一九七四年】

発言者：フランシスコ・モレル

わたしたちは、まず、あなたがたの祖国日本から、はるか遠くはなれたキューバの全平和勢力が、不正義と武力侵略から、完全に解放された、人間本来の尊厳ある生存を確立するために奮闘していることをお伝えし、また、そのたたかいが、怒とうのような世論の高揚と支持を背景にして、かつてないほどの大きな成功をおさめる可能性をもっているとことを、喜びをもってお伝えしたいと思います。

世界の力関係の中で、わたしたちの国にも、明らかにわかる変化が起っているということです。

そして、もうひとつは、世界中のどの大陸においても、世界平和と完全な民族独立と正義と社会進歩の確立をめざす、人民的な力が盛りあがっているという中で、人民は、帝国主義・植民地主義・侵略・独裁・搾取・人種主義、ならびに民族差別に反対して、完全勝利の日までたたかいぬく決意をしているということです。

この新しい現象は、植民地主義者と右翼主義者の好戦的な勢力に反対する、世界中の人民の英雄的なたたかいと、国際連帯の成果であり、また、「平和は、みんなの問題である」という確信にもとづいた、広範な人びとの思想闘争の成果でもあるのです。

進歩と平和への道のりは平担《ママ》でもなければ、真すぐでもありません。帝国主義や反動は、かちとられた成果をなきものにしようとしています。かれらは地球上の一カ所以上において、緊張した焦点を維持しています。かれらは、人民の独立や自由に反対して、直接・間接の侵略をつづけています。さまざまな反動勢力は世界中で活動していますし、世界の緊張緩和に反対しています。また、人民の間の不信と敵対をひきおこしています。平和の敵のあらゆる策謀に直面するとき、各国の人民の一致した行動は、さしせまったものとなります。したがって、『平和と各国の人民の主権のためのキューバ運動』は、国際的な緊張した雰囲気のなかにあらたに人類を押しこもうとする侵略的、反動的な下請機関のおこなうあらゆる試みを糾弾して、全般的な完全軍縮への展望をもって、軍拡競争を停止させるのに役だつような措置を支持して、つねに行動しております。こうした精神のもとで、『キューバ運動』は、核兵器の製造と貯蔵と実験と、そして、その使用を禁止し撤去し、軍事同盟を解体する、という具体的な軍縮の歩みを盛りこんだ協定の締結を招来するために、貢献するものであります。

世論を高める運動には、より積極的な、より有効な新しい役割があります。

すなわち、今日のわたしたちの任務は、戦争を防止するだけにとどまらず、積極的に平和を作り出すことなのです。このことは、そのたたかいが、民族独立・民主主義・社会正義、そして、社会進歩と不可分であることを自覚している人民の平和運動が発展していくことによって、可能になってくるのです。

わたしたちが、事実として確認しているように、帝国主義は、まさに、戦争と搾取を意味しています。国際的な実例からも、帝国主義的行為にたいする強い抵抗運動が起っていることがよくわかります。

さて、わがラテン・アメリカ大陸においては、いまわしいファシスト政権が、大陸の政治地図を汚したにもかかわらず、経済的独立・政治的主権・社会進歩を支持する国家財産の公開などを要求する高まりが、顕著になってきています。

帝国主義的抑圧の手先きとなっている、いわゆる「米州機構」は、最悪の感情をもってむかえられ、その存続自体も危ぶまれるという事態に直面しています。政治的にも、社会的にも、多様性は一致の立場での変化が、広大なラテン・アメリカ地域に、次つぎと、あらわれてきています。この現実を目の前にして、アメリカは、ファシストかいらい政権樹立を含めて、諸国人民の高まりを抑圧するための、さまざまな挑戦をしているのです。

この大会へのキューバ代表団の参加は、前回と同じように、わたしたちをむすぶ連帯のきずなが、さらに、深まったことを証明します。この精神にのっとって、わたしたちはこの新しい出あいが、力強い日本の平和運動の前進にさらにいっそう貢献するよう、心から期待します。

全世界の、団結したわたしたち全勢力によって、帝国主義者は、長崎アピールを拒否することはできません。

平和と民族主権のための運動は、キューバ国民の創設者、ホセ・マルティ(34)の言葉、〝未来は平和のものである〟を旗じるしとしてかかげます。われわれは、この第二〇回大会が、未来へむかっての確固とした一歩をしるすであろうと、確信します。

【一九七五年】

発言者：フェルナンド・アルバレス・タビオ

実際、広島・長崎において行われた人類に敵対する犯罪の告発をくり返すだけでは充分でありません。その犯人たちの意識は一貫して変っていないことを強調すべきです。彼らは、たとえ敵にたいしてであろうと、人類の法則・人間の、人間らしくある権利・人間集団の貴重な価値と尊重すべきことを忘れ、さもしく利己的な自らの利益を優先し続けているのです。

人類の歴史は、その大部分が一連の不当な戦争・略奪戦争・植民地戦争からなり立っています。それらは、人類にたいする犯罪の不名誉な石碑を残しました。アメリカ帝国主義政府は平和のための誰一の効果的手段であるとして、核兵器を使ったし、またその後も使おうとしてきました。

その歴史はベトナムにおいてくり返されます。英雄的ベトナム人民の抵抗の意志を抑圧する目的の下に、アメリカ帝国主義は、その新植民地主義的目的を達成するため、非常に多様で残酷な、民族皆殺しの方法や道具の使用を、怠たりませんでした。

これらの民族皆殺し的行為のくり返しは、決して人類の記憶から消え去ることはないでしょう。そして、それはアメリカ帝国主義にたいする、全世界人民の嫌悪を生みだしました。

わたしはこの重要な会議に敬意を表するとともに、われわれの平和と人民主権運動は、核兵器のない世界

―すなわち核の脅威のない人類共存の実現―をめざすたたかいの力強い流れへの、ゆるぎない連帯を重ねて表明いたします。

民族皆殺し行為や傷ついた人類にたいする明確な法的概念をつくり出すことも必要ですが、それだけでなく核兵器の使用は、それらの犯罪の有効な一形態であると判断することが重要です。しかしながら、そういった意義と重要性にもかかわらず、これだけでは不充分です。抑止の名のもとに戦略的核兵器の使用を正当化する説の作成という帝国主義の試みにたいして、最大限の力をだしてたたかうことがいま、性急に迫られています。

頼もしいことには、アメリカ帝国主義の侵略的政策にたいして、全世界の被抑圧人民の独立、自由、社会正義の熱望がたかまっていることです。非同盟運動の反帝国主義的方向がつよまっています。労働者階級と、資本主義諸国の革新勢力のたたかいが高まっており、特に、ソ連を先頭とする社会主義圏は、帝国主義の意欲と暴力をとどまらせるものとして力強く立ち上がっています。社会主義国は自らの解放のためにたたかう人民の友でありその存在と発展は、国際的な諸勢力の相互関係に変化を生む決定的な要因だったのです。

侵略的アメリカ帝国主義にたいするベトナムの偉大な勝利は一九四五年のファシズムにたいする勝利以降の、現代のもっとも卓越したできごとのひとつであります。というのは、ベトナム人民の勝利は世界の諸勢力の新しい力関係をもっとも明白に表わしているからです。ベトナムはその輝かしい勝利によって、完全な民族の解放をかちとり、祖国の平和的再統一への道を開いたのです。

わが首相であるフィデル・カストロ少佐がのべているように、疑いもなく、この数年の間に国際社会では多くの前進的な変化がおこりました。それによって、人類はほっと息をつぎ、恒久平和の希望が強まっています。

しかし、平和の道は、世界中いたるところでいまだ活発に活動をしている反動勢力がしかけている危険な

【参考資料2】

ワナによって、側面からの攻撃を受けています。

帝国主権者たちは、発展途上国の人民が外国独占体の手中にある自分たちの天然資源をとり戻すという譲り渡すことのできない権利を実際に行使することを妨害するために、最大限の努力をしています。

帝国主義者たちは、国連総会の数多くの決議によって裏付けられている、国際法の現代の学説では、国有化が国の主権に属するものであること、国家がその国の法律、規則によって国有化するとき、そのための補償を決定するのはその国であること、その時に問題がおこれば国有化した国の法律と法廷にもとづいて解決することが完全に保証されていることを、無視しようとしています。

帝国主義のたくらみにたいして、諸国人民の利益と社会進歩の利益に合致した強固で正当な平和に向けての、全ての人民の統一行動を強化することは猶予できません。

わたしたちは、世界で進行している社会経済過程をそのまま凍結するような平和に賛成ではありません。

わが国人民は、すべての進歩的勢力とともに、全面軍縮、全ての核兵器の完全禁止と完全廃棄をめざしており、そしてまた、諸国人民の主権・独立・自決をおびやかし、民族解放運動を押しつぶそうとする目的で設けられている外国の軍事基地と侵略的軍事ブロックを一掃していくことをめざしています。

真の平和を愛好する諸国人民の最終的目的は、歴史の舞台から帝国主義を退場させることです。なぜなら、帝国主義の侵略的性格は、決してかわることがないからです。

帝国主義が存在するかぎり、世界平和の完全達成と確保は決してなしとげられることはないでしょう。

現代のもっとも緊急の目的は、もちろん世界戦争を防止することです。それとともにわたしたちは、局地的な新植民地主義的戦争にたいして反対しなければなりません。また帝国主義が弱少《(ママ)》の諸国人民をほしいままに攻撃し、国内の問題に干渉し、犯罪的な経済封鎖をしき、野蛮な力を使って正義をふみにじるのに反対しなければなりません。

わたしたちは、横領された主権を守り核兵器の完全な禁止をめざし、その実験・生産・貯蔵・配備に反対し、とくに、各国人民の意志に反して、地国に核基地を設けて治外法権を勝手に行使していることに反対して、ねばりづよくたたかっている日本人民を断固として支持しています。そしてまた、わたしたちはこの記念すべき大会が、人類すべての望んでいる真の恒久平和に向けての全世界の運動を、一層強化していくことに貢献することを心から望んでいることを表明します。

広島・長崎の犯罪から三十周年をむかえて、人類の責任を自覚し、悪を正当化することにがまんできず、道徳的な責任回避を軽べつするという精神を思うとき、わが国の父であるホセ・マルティのことば――「犯罪を目の前にして沈黙することは犯罪を犯すことである」――を思い出さざるをえません。わたしたちは人類が核の破壊の脅威からとき放たれるように望んでいます。広島と長崎は二度とくり返されないように、たえまない不安の病にかかって生きていかねばならない被爆者が、これ以上でないように望んでいます。

帝国主義者の仮面をはがしましょう！帝国主義者はこれまでの自分がしてきたことが民族皆殺しであることを認めるどころか、将来も核兵器を使用することを合理化するための論拠をつくりだそうとしつづけているのです！

【一九七六年】
発言者：アルトウロ・エスピノーザ

（略）広島と長崎の街にたいしてアメリカ帝国主義が犯したこの上なく恐ろしい犯罪がおこなわれてから三十一年が過ぎました。

世界の諸国民は、この残虐で非人間的な行為をその記憶から消してしまうことは決してできないでしょう。

また、今日の国際関係において、緊張緩和に有利な状況が、支配的な傾向として優勢を占め、そして、現在、安定した正当な世界平和を確実なものとする現実の可能性が存在しているのは、巨大なたたかいによっ

【参考資料２】

てヒットラー・ナチズムをほうむり、世界の力関係における決定的で歴史的な変化のための基礎をすえたソ連を中心とする反ファッショ勢力の勝利によっているのです。

しかしながら、帝国主義は軍拡競争をひきつづきくり広げており、諸国間の平和的共存と主権の尊重というもっとも基本的な規範と、矛盾する行動を諸国民にたいしてとりつづけています。

地球のさまざまな地点に侵略的軍事基地をもちつづけています。アフリカ、アジア、ラテンアメリカにおいて反動勢力と地方憲兵を組織し育てています。中東においては、アラブ諸国と英雄的なパレスチナ人民に反対して、シオニズムを支持しています。朝鮮の再統一を妨害しています。

アンゴラ人民共和国の独立にたいする南アフリカとローデシアの人種差別政権と積極的に協力しつづけています。ヘルシンキ会議の協約から逃げようとしています。これらが、国際的緊張緩和を後戻りできないようにして、緊張緩和を政治面から軍事面に拡大することをめざし、平和の恩恵が地上の隅ずみにまでとどくことを確実にすることをめざして、統一してたたかう共通の課題のもつ意義を、諸国民に明白に示している現実なのです。

こうした背景の下に、世界の広範な支持に支えられた新ストックホルム・アピールのたたかいはとくに重要な意義をもっており、国際緊張緩和、軍拡競争終結、新国際経済秩序の確立、国連による軍縮世界会議の即時招集をめざすたたかいにとって大きく貢献するものです。

キューバ代表団は「ヒロシマ・アピール」で提起されている目的に全面的な一致を表明するとともに、キューバ平和運動と人民の名においてそれを支持いたします。

諸国人民あるいは諸国家にたいする新旧植民地主義、人種主義支配を力をもって永久化するために使われている帝国主義者の武器である雇兵制度に反対する全進歩勢力の確固とした決定的行動は平和のためのたたかいにおいて、避けることのできない必要なものとなっています。

アメリカ、NATO同盟国、南アフリカが雇兵を使って、勇敢なアンゴラ人民が独立を達成するのを阻止しようとした事件が最近でさえありました。かれらが、追求していた目的は、国を分割し、富を支配し、もっとも不当な搾取と抑圧のもとにおくことでありました。

帝国主義の干渉政策、雇兵政策、人種政策にたいして、プロレタリア国際主義の実践が行なわれました。正当なアンゴラ人民共和国政府の要請にたいして、原則に忠実なキューバ人民は、雇兵と干渉勢力に反対する戦場で、また国の再建のための現在の協力の領域においても、アンゴラの兄弟人民に全面的な支援を行なう連帯義務を果しています。

アンゴラの勝利は平和の勝利であり、搾取のない世界のためにたたかっている諸勢力の勝利でありました。

ヤンキー帝国主義の伝統的な搾取の場所であるラテンアメリカとカリブ海諸国は、地域政策の従順な道具を使っての、軍事基地の拡散、諸国の国内問題の武力介入、資源の収奪と脅迫によって代表される力の政策の犠牲者であったし、現在もそうであります。

アメリカはその人民が一世紀以上にわたって独立のためのたたかいを続けている、ラテンアメリカの国である、プエルト・リコの可耕地の十三％以上を占拠し一〇の軍事基地をおいて植民地州として支配しています。

パナマでも、いわゆる運河地帯には、パナマ人民と、政府の意志と闘争に反対して、米軍の訓練のため十四の米軍基地が置かれています。

同時に帝国主義は、ラテンアメリカにおいていっそう力をつけているファシズムの拡大を支え、発展させています。チリ、ウルグアイその他の国ぐにで、住民に対するテロ、拷問、暗殺が行われ、現に人命にたいする明らかな侵害が行われています。

尊厳ある世界平和のためのたたかいは、平和を危険におとし入れ、独立と民族主権のための諸国人民のたたかいに反対している努力に反対するたたかいと不可分であります。（略）

【一九八二年】

発言者：ラファエル・ロペス・ヴァルデス

アメリカ合衆国によっておかされた核によるジェノサイドの今年の記念行事は、今、人類がかつてないほど人類全体を破壊するホロコーストに脅かされている時にひらかれています。最近終了した第二回国連軍縮特別総会は、がっかりするような結果でした。私たちはＮＡＴＯが前もって会議をひらき、軍縮に反対する決議を採択したことを忘れるわけにはいきません。アメリカ合衆国政府とその主な同盟国は、核軍備は平和と独立のための保証となるだけのもので、したがって軍縮会議の目的と根本的に対立するという考えをもっています。

アメリカが、核を先に使用しないという妥協案に反対しているのは、この理由からです。簡単に言えば、かれらは様々な会議で国連総会や平和愛好勢力の勧告を気にかけていないということができます。宇宙兵器をもともなう軍拡競争は、核戦争の突発を妨げる緊急の措置を必要としています。世界中のデモンストレーションばかりでなく、自国民の圧力のおかげでレーガン政権は、核兵器の制限についてソ連と話し合わざるをえなくなっています。同時にアメリカ政府は、交渉への熱意、積極的な提案のあるものと現実的合意をするための熱意を示すことが必要です。今日では、六万発以上の核爆弾があり、その成功は広島・長崎に落とされたものの百万発分にあたるものです。その威力は、全人類を灰の山に変えることができるもので、またつぎのような傷害を人間に与えるものです。つまり、あのような黙示録的な破局の直後の数分間生き残っている人々もまもなくそれぞれ核障害の結果として、死んでしまうというような傷害をです。

人類はそれが挑発されたものであろうと、その全滅という事態にこれほどまで接近したことはありません。帝国主義がこれほどまで侵略的に、倣慢《(ママ)》にその政策を世界にむけて表明したことはありませんでした。かれらは、緊張の震源をつくり干渉し、軍事力をもって世界中の好戦的な諸国や民族自決と独立の敵どもを支援しています。

このような状況の証拠もいくつかあります。世界中の人々が御覧になったように、帝国主義によって武装したイスラエルは、パレスティナ人民とレバノン人民に対し、ジェノサイド的な激烈な攻撃を加えました。帝国主義と南アフリカの人種差別主義政府はあからさまに戦略的な同盟を結び、いわゆる「前線」の諸国に対する侵略的な政策をつづけようとしています。そして南アフリカの人種差別主義政府は、ナミビアの新植民地主義的状態を擁護しています。

ラテンアメリカではそれ以上のことがおこっています。帝国主義の全面的な支持のもとに英国は、フォークランド諸島に植民的解決を押しつけ、この諸島に対するアルゼンチン人民の主権をけがしました。「解放民族戦線」にひきいられる英雄的なサルバドル人民は、武器と専門家を供給するアメリカ合衆国から支援と支持をうけた反動的な軍隊のジェノサイドと闘いつづけています。

同じことは「グァテマラ革命民族同盟」にひきいられるグァテマラの闘士たちにもおこっています。かれらは、レーガン政権によって教唆された反動的な政権によって遂行されている犯罪的な虐殺と対決しています。中米とカリブ海諸国では、ニカラグァとグラナダ人民が持続的な経済的侵略をうけていますし、アメリカ合衆国政府からの軍事的攻撃の危険にさらされています。キューバについていえば、その革命のはじめから激しい経済封鎖《ママ》をうけ、軍事的侵略の脅威をくりかえしうけてきました。キューバはこれからも、その民族的独立と完全な主権のために、つねに平和愛好諸国と人民と連帯して正義の力をふりしぼってそれらと対決していくでしょう。

人民に対するその侵略的な政策を合理化するために、帝国主義は人民の自決と真の平和をもとめる正当な熱望は東西間に現存する矛盾の表明に外ならないと論じてきています。

人類の問題に対して異なった解決方法を提示する社会主義体制と資本主義体制の間にそのような矛盾があることは、誰一人隠そうとする人はいません。しかし、そのような相違があるからといってそのことは、軍事的対決が不可避であることを意味するわけでもありません。人民の独立と社会進歩のための闘いは社会主義諸国によってあやまらされてきたのではありません。それは世界に存在する社会的不平等の自然の結果なのです。

平和のための闘い、他国に存在するアメリカ軍に反対する闘い、自決と民族独立のための闘いは、世界中で成長しつつあります。いくつかの国だけを挙げれば、西ドイツ、オランダ、日本あるいはアメリカ合衆国における数百万人にも及ぶ大衆運動は、帝国主義のエスカレーションに対する人民の良心の成長を示しています。

人類が選択したのは生存であって、核の犠牲ではありません。人類は現実のたしかな平和を望んでいます。強力なものにとっても、弱く小さいものにとっても。

キューバ首相として、非同盟諸国運動の議長として、フィデル・カストロは国連総会で次のように述べました。「今こそ、絶滅と死にむかって運命づけられた豊富な資源の浪費をやめてそれを飢餓、病気、無知との闘いの方向へ、発展のために、世界の人民が直面しているまったなしの社会的諸問題を正しく解決するためにむけていくときである。」

私たちのすべての努力は、死に賛成するものに反対し、人類がこうむっている社会的害悪を無視するふりをしながら軍備を増強することを推進している人々に反対する結合した行動を発展させ、支援することにつきます。

すでにスタートしたこの巨大な闘争において、勝利は人民の手にあります。

【一九八三年】

発言者：ヒルダ・パサロ・オビエド

（略）歴史がかつて今日ほど、人類が核の閃光によるわが地球の破壊の間近に、生命の最後の痕跡までも、また人類の無数の世代の労働の成果であるすべてのものまでも破壊されてしまう、その間近まで来たことはありませんでした。

　ワシントンの支配者の正気を逸した政策は軍拡競争のら旋をより高めています。かれらは核先制攻撃を目指して核の絶対優位に立とうとしています。このようにして、勝者も敗者もいない、ただ犠牲者だけが残るだろうという対決の危機が増大しているのです。

　帝国主義的な軍国主義者のイデオローグたちによってうちたてられた理論がまったく無責任な矛盾にみちたものであることはまったく明白です。その理論とは、合衆国からできるだけ遠くはなれたヨーロッパでやろうと目論んでいるような「限定核戦争」が可能であるというものであり、また、核先制攻撃をはじめるのに必要な能力を実現せよと力づけるようなものなのです。このようなすべての攻撃的な理論から必然的に世界平和への危険の増大がおこります。地球圏外の宇宙を軍事化する「宇宙戦争」タイプのような新兵器の製造やMXやミニットマンのような新しいミサイルシステムの展開などによって。

　帝国主義者のごう慢さは、このように、大戦へと発展する恐れのあるような紛争の焦点を作り出すことによって、図々しくも自分たちの意志を世界中の人々に押しつけようとすることにあらわれています。レーガン政権によるニカラグアに対するあからさまな干渉やCIAの武器と資金によるホンジュラスやコスタリカの領土からの攻撃はこのような文脈の中でおこっています。中米でもエルサルバドルの英雄的人民は何世紀も飢餓と悲惨にくるしめられてきたのですが、今、アメリカ帝国主義と同盟した独裁政権に対して自らの運命の主人公になろうとして闘っています。この独裁政権はアメリカ帝国主義から軍事的経済的援助をうけて権力を保っているのです。

　合衆国が、そのたたかっている人民の意志に反する独裁的で血に飢えた政府を経済的物資と兵器で支持しているところではどこでも、このような政策がとられています。

　キューバについていえば、ワシントンの現在の支配者たちの政策はますます攻撃的になっています。かれらはわが国民に対する厳しい経済封鎖をつづけています。かれらは島全体をスパイ飛行しています。同様にかれらはキューバの合法的な領土であるグアンタナモの海軍基地を使ってしばしば大軍事演習をしています。かれらはわが国を併合することに関して気楽に語っています。そうしようとすれば、かれらはキューバの全人民と対決しなければならなくなるということには注意を払っていません。

キューバ人民は広島と長崎の人々がこうむったような核攻撃を二度と世界にくり返さないために闘っている日本人民の側に立っています。

平和のために闘っている世界の全人民の奮闘と団結は軍拡競争を凍結させること、またそれを終結させるような真剣な交渉を可能にさせるでしょう。同様に、それは私たちの地球を核のホロコーストから防ぎ、全面的で完全な軍縮を実現し、すべての資源を失業、低開発、飢餓および健康無視との闘いに使用することを可能にするでしょう。（略）

【一九八六年】

発言者：ラファエル・ロペス

第二次世界大戦では、五千万人の命が奪われ、広島、長崎の人々は、核の大量虐殺の犠牲となりました。これは力とおごりを示した非人間的な行為でした。現在も、多くの人が生存を保障する公的な補助もないままに、苦しみ、命を失っています。

今年のはじめに、ソ連のゴルバチョフ氏は人類をおびやかしている絶滅の危険性をなくすため、今世紀中の核兵器完全廃絶を提案しました。一年前、核実験の一方的停止も宣言しました。

しかし、レーガン政権は、この提案を無視しＳＡＬＴⅡを破棄する意志を発表しました。スターウォーズのＳＤＩを実行しています。

人類は、軍拡競争を終わらせること、核兵器の完全廃絶のための効果的な方法を求めています。世界大会出席者の力強い声は、核兵器による人類絶滅の危機から人類を永久に解放する手だてを求めています。

【一九八八年大会】

発言者：フンドーラ・ロペス

ＩＮＦ全廃条約の重要性は特定の核兵器を物理的に廃絶したことです。この交渉には第三の出席者、世界の世論がありました。

一九八七年世界大会以後、世界で大規模な運動がありました。そのなかで大きな反響をよんだのは「平和の波」でした。

この行動に参加した、数百万の構成員をもつ諸組織の代表は、大衆動員の緊急性を理解し、「ヒロシマ・ナガサキからのアピール」署名に賛同する文書に署名しました。

大衆のなかに幻想が生まれることを許してはなりません。核軍縮を妨げ、軍国主義的考えをふりまく反動的な勢力がいます。たたかいを続けましょう。このたたかいは開発と自決のためのたたかいでもあります。

日本と太平洋への核艦船の侵入に反対する運動に連帯します。

【一九八九年】

発言者：ウーゴ・ペレス・ロハス

一〇年前に国連でカストロ首相は、核兵器に対する幻想をうちやぶるべきだと演説しました。一九八六年、ソ連のゴルバチョフ書記長の「平和のイニシアチブ[35]」は世界平和のための希望と正当性を提示しています。

平和はすべての人びとに必要です。しかし単なる条約の調印だけでは平和は保障されません。帝国主義者は一方で戦略核兵器の削減交渉をしながら、小国に対しては侵略的な政策を強めています。

豊かな国にはこの平和を、貧しい国にはあの平和を、という概念をもつことはできません。今日、世界は社会的・経済的危機に直面しています。核廃絶を求めるだけでなく、世界的規模の安全保障と、経済発展、環境保護も盛り込まなければなりません。

【一九九三年】

発言者：エレニオ・ペドロ・フェレール・グラシア

（略）国際情勢の分析が、この大会の課題のひとつでありますが、世界大会実行委員会のよびかけには、核兵器の廃絶のための絶好の情勢が存在している、とあります。化学兵器の製造、貯蔵および使用を禁じた条約が最近調印され、大量破壊兵器の廃絶は可能であることを示しています。

ラテンアメリカ、カリブ海の平和組織の大陸会議では、最終宣言で、軍縮のためだけでなく、発展、主権、民族自決および他国への不干渉のためにもたたかう必要があることを指摘しました。また、平和、安全、正義、発展、主権、民主主義という概念にもとづく新しい国際秩序と、すべての個人と世界のすべての国の基本的権利と自由を保障していくことへの支持を表明しました。アメリカ合衆国の政府によってはじめられ、実行され、管理され、すすめられているキューバにたいするあらゆる形態の経済封鎖の緊急かつ無条件の解除を要求しています。

最近の国際情勢の分析は、世界の人口の七〇％は教育や医療施設の不足、貧困や失業に苦しんでいることを示しています。ラテンアメリカだけでも、二億人が貧困状態におかれ、そのうち九三〇〇万人が極度の貧困ラインよりも下の水準で生活しています。〝新しい世界秩序〟の推進者によって宣言された平和は、いつわりの平和です。それは五歳以下の子どもが毎年一四〇〇万人も、飢えと予防可能な病気のために死んでいるという事実と両立しないからです。

この世界大会の目標は、広島と長崎の大量虐殺の五〇周年に関するものです。それは核兵器を完全に廃絶する国際条約の最終的な締結の機会となるでしょう。それはまた、軍縮と軍事ブロックの解体、軍事基地の撤去、とくにアメリカ合衆国の軍隊がその領地外にもっている基地の撤去に結びついています。（略）

【一九九七年大会】

発言者：オルランド・フンドーラ・ロペス

アメリカ合衆国政府の命令によるあの犯罪的な広島・長崎への原爆投下から52年を経て今もなお、帝国主義はその本質においてなんらかわりなく、行動しています。

私たち革命家が決して失うことのできない希望、すなわち平和と社会正義と安定と持続的発展をとげる世界は、いまだに実現していません。

もはや冷戦は終わり、今やイデオロギーの時代、さらにはこれまでの歴史も終わりつつあり、全世界に平和と安全を保障する「新世界秩序(36)」が確立されたのだと主張する人々は、のどかな平和をうたっています。しかし、これらの美辞麗句にもかかわらず、私たちは今、あらゆる種類の紛争、暴力、軍拡、侵略的な軍事ブロックの拡大、痛ましい国家の分裂、干渉主義、麻薬汚染に直面し、国の主権や独立などの何びとたりとも侵すことのできない原則がますます侵害される時代に生きているのです。

これが、富める国々が私たちに押し付けようとしている新世界秩序なるものの姿なのです。

科学と技術の驚くべき長足の進歩によって莫大な富がもたらされているというのに、富が不当に分配されているために、人類の3分の2以上を占める人々が引き続き貧困と不健康、教育を受けられない状態におかれています。

この利己的で反動的な動きの先頭に立っているのはアメリカ帝国主義です。彼らは自国を治めることができていないにもかかわらず世界の憲兵としてふるまい、過去に存在したすべての帝国がたどった衰退への道を進んでいます。

キューバ革命をなきものにしようという妄想にとりつかれた彼らは、一連の治外法権的法律を成立させましたが、これにたいし世界が一致して拒否するということれまでなかったことが起こっています。ですから、彼らの言うところの「新世界秩序」とは、あいもかわらぬ腐った世界秩序といったほうがより適切であると思うのです。

豊かな国々の国内総生産の0・7パーセントを貧しい国々の発展にあてるという約束が言われていますが、実際には0・27パーセントしか出されていません。

もはや国連が1974年に採択した「新国際経済秩序」[37]のことを口にするものはいません。

もし彼らが私たちに信じきせようとしているように、本当に冷戦が終わったというのなら、なぜ1兆ドルもの莫大なお金が軍事費に使われているのでしょうか。

これが、新しい世紀を迎えようとしている今、世界がおかれている状況です。ですから、平和のためにたたかうものとして、私たちは自らに課せられた崇高な使命を遂行しなければなりません。だからこそ私たちは毎年この偉大なる平和のための行事、原水爆禁止世界大会に参加しているのです。

今私たちが参加している多岐にわたる行事を運営しているみなさんに、支援と連帯の気持ちを表明したいと思います。これらの行事すべてが、軍拡、とりわけ核兵器という悪夢に反対する、全人類にむけた、力強いこころからのよびかけになっているからです。そして、全人類にたいし、ヒロシマ・ナガサキのジェノサイドを繰り返すな、二度と再び被爆者をつくるなという教えであり、警告となっているからなのです。

【参考資料2】

【一九九八年】

発言者：オルランド・フンドーラ・ロペス

また1年がすぎ、広島・長崎の犯罪的な原爆投下から53年目をむかえますが、人類は引き続き核の脅威にさらされています。

両市に投下された爆弾は20万人の犠牲者を出し、30万人以上もの生存者が恐ろしい被害に苦しんでいます。核保有国が現在持っている兵器庫の核兵器はどれも、当時より数千倍強力で破壊力が大きくなっています。

さらにこれらの恐ろしい兵器は5万発も貯蔵されているといわれています。単純に計算すると、私たち一人ひとりが4トンのダイナマイトが詰まった樽のなかに座っており、たるがすべて爆発すれば地球上の全生物を12回破滅することができることになります。

私たちの頭上にのしかかっているこの巨大な力は、太陽の周りを回っている惑星に加えてさらに四つの惑星を破壊し、太陽系のバランスに影響を及ぼすかもしれないという理論的可能性を示しています。

大惨事の1分後には人類の半数が死んでいるでしょう。ちりと煙が太陽光線を遮り、私たちの地球は完全な闇に支配されるでしょう。最終的カオス、永遠の夜のなかで唯一残る命の証はゴキブリでしょう。

いかなる科学、いかなる芸術、いかなる産業にも、これほどまでに増殖を繰り返してきたものは核産業をおいて他にはありません。

こうした劇的な事実にもかかわらず、軍拡はとどまるところを知りません。この国際会議の最初の議事が行われている間にも、新しい核弾頭が作られ、明日議事が再開されるまでには、核大国の殺りく兵器庫にはさらに多くの核弾頭が加わっていることでしょう。

コロンビアの作家ガルシア・マルケス(38)はこう言っています。核兵器たった1発分のお金で秋のある日曜日にナイアガラの滝を白檀の香りで満たすことができるだろう。

核不拡散条約はまやかしです。それがしていることは、現在ある核保有国に核の独占を許すということです。

彼らは、核兵器は安全保障上の抑止力であると主張しています。

平和のためにたたかうものの責務は、現存する核兵器保有国の特権をうちやぶるために大規模な行動を展開することです。

人類にとって自殺行為に等しいそのような政策を打破するには、核兵器廃絶条約を実現することが不可欠です。そのためには、この不吉な兵器の実験、開発、製造、保有および配備を完全に禁止しなければなりません。

核のない21世紀を実現するために、ヒロシマ・ナガサキデーにこの国際会議を支持する世界的な統一行動が必要です。

人類は最近インドとパキスタンが核実験をおこなったことに愕然とし、戦りつを覚えました。いわゆる第3世界に属す両国は、ひどい飢餓、悲惨、欠乏に苦しみながら、莫大な金と資源を核の力を誇示することに浪費しています。

私たちは、力を合わせて世界の世論の良心に訴え、核兵器ノーの声を核軍拡を阻止する具体的力にしようではありませんか。人類のドラマの歴史において二度とヒロシマ・ナガサキ、そしてヒバクシャを繰り返さないために。


【参考資料２】

【二〇〇五年】

発言者：バシリオ・グティエレス

（略）私たち大会参加者の多くは、１９４５年8月6日、広島で、そして3日後に長崎で、原爆の恐ろしさが石や壁に刻まれたときにはまだ生まれていなかった世界人口の3分の2に属しています。

あの犯罪から60年後、世界各地の若者は原子爆弾の爆発する映像は、あるフィクション映画のワンシーンにすぎないと思うかもしれません。しかも、その映画はあの殺人者たちが決して罪に問われなかった国で上映されている多くの映画の一つです。

川に身を投げた人々の恐怖の表情を忘れないようにしましょう。自分たちの家やまわりの景色や祖国が灰になるのを見ていた人々の目を忘れないようにしましょう。皮がはがれた身体が黒い雨に打たれた人々の痛みを忘れないようにしましょう。

現在の兵器は、あの当時、実験されたものの千倍もの威力をもち、数秒間で地球を繰り返し破壊することができます。アメリカ政府はこれらを戦術核兵器あるいはミサイルからの防衛の盾などと言っていますが、その威力は私たち全員にとっての脅威です。あれから60年もたったというのに、核のテロは依然として力と覇権主義の道具なのです。

しかし核爆弾は飢えた人々を殺すことはできても、飢えをなくすことはできません。

新自由主義のグローバル化によって世界に押し付けられている経済秩序は、毎年、多くの被害を出しています。予防も治療もできる病気で1300万人の子供たちが死んでいます。8億5200万人の人々が毎日飢えに苦しんでいます。南の諸国は毎日のように自由貿易の効能について聞かされていますが、その一方で、先進国が支払う関税の20倍の関税を支払わされているのです。

第三世界諸国の対外債務は増え続ける一方です。しかし、すでにその何倍もの額が返済されています。しかもこんにち、利息の支払だけでも2・5兆ドルにものぼります。サイバネティックスの時代に、100万人の大人は文字が読めず、3億2500万人の子供たちは、わずかなパンを稼ぐために学校にも行けず、成人する前に死んでいます。それなのに、毎年、軍拡のために1兆ドルが使われているのです。

キューバ国民は、国家テロがなんであるかを良く知っています。なぜなら私たちは、自分たちの思想を守るため、45年以上も続いている経済封鎖やあらゆる種類のテロ行為、そして核の脅しにも耐え抜いてきたからです。

その間、北の帝国は、罪に問われるのを避けるため、ポサーダ・カリレスやオルランド・ボッシュ(39)などのテロリストであると自ら認めた人々をかくまっています。2人ともキューバ出身者で、73名の死者を出した

1976年のキューバ航空民間機空中爆破の首謀者でもあります。

私たちキューバ代表団は、この会議に参加しているアメリカ代表に感謝し、尊敬を表します。彼らこそより良い世界、平和と社会正義の世界のためのたたかいで主要な役割を果たすことが求められています。

だからこそ、これまでずっと排除され続けてきた私たちですが、団結しようではありませんか。より良い世界を夢みる私たちは団結しましょう。戦争、テロ、核兵器、国際政治の二重基準に反対して団結しましょう。地球と人類を救うために団結しましょう。団結しましょう。なぜなら今、この瞬間でも、平和と正義の世界を実現することは可能だからです。（略）

【二〇〇六年】

発言者：エルミニオ・ロペス・ディアス

（略）私たちは、世界のシンボルとなった都市、広島に集っています。世界の人々は、たとえ日本についてはあまり知らなくても、広島と長崎は、人類が平和の真の価値と平和の意味を考え、祈る場所、ある種の神聖な神殿であることを知っています。

こんにち地球の至る所で起きている紛争を見てみると、残念ながら、人類は広島と長崎の教訓を学んでいないことに気づきます。

核兵器は地球を破壊できるほど強力な兵器です。しかし、核兵器は武力紛争の拡散を防止することはできませんでした。核兵器は、アメリカで起きた、憎むべき9・11のテロ攻撃と、それに続いて世界各地で起きた出来事を防ぐことはできませんでした。また核兵器は、他の国々が、自らの力や安全保障を強めるために、核兵器を開発し、入手しようとすることを阻止することもできませんでした。

世界の軍事費は増え続けています。ある一つの国が、残りの国々の軍事費を合わせたと同じくらいのお金を軍備に費やし、その国の企業は世界中で売られている兵器の60％を生産しているのです。

現在の軍事費のほんの一部でも、低開発が原因で起こっている問題の解決や、富める国と貧しい国との格差を狭めるために使えば、どれほど多くことができるでしょうか。

現在、軍備に使われている資金で、飢餓に苦しんでいる世界の6億5200万の人々に、1年間、食料支援をすることができます。また、3800万のエイズ患者に、抗レトロウィルス剤を40年間、提供することができます。世界中の幾百万の人々が貧困から免れることができます。第三世界のすべての子どもたちを教育することもできるでしょう。

現在、武器に使われている資金のわずか1割をまわすだけで、ミレニアム開発目標を達成することができます。

こうした現実に対して、具体的な行動に取り組む必要があります。命を救うよりも殺すほうにより多くの資金が使われている状態を、手をこまぬいて受け入れることはできません。

キューバは、現在の軍事費の少なくとも半分を、国連が運用する基金を通じて、経済や社会の発展が必要としているものに充てる提案をしています。

核兵器の存在自体が、また核兵器の保有と使用を勧めるばかげたドクトリンは、国際的な平和と安全にたいする脅威です。

核軍縮が軍縮の分野でもっとも最優先の課題であり、また最優先であり続けなければならないという非同盟運動の歴史的立場を、キューバがあらためて強調するのは、このためです。

核軍縮の正当性を無視あるいは軽視しようとし、核兵器の存在に問題があるのではなく、核兵器を持つ者の「良い」態度と「悪い」態度に問題があるとの価値観で、核不拡散の差別扱いを押し付けようとする者たちの目論見に、キューバは反対します。

私たちは、核兵器保有国には、誠意のある態度を取るだけでなく、厳正で効果的な国際的検証のもとで、全面的核軍縮を勝ち取ることにつながる交渉を取りまとめる法的責任があることを、あらためて強調します。

２０００年のＮＰＴ再検討会議で合意された13項目(40)の実践が進んでいないのは明らかです。核軍縮へ前進する実践的提案を明確にする条件をつくりだす政治的意志に弾みをつけることが必要です。

前進のおもな障害は、ある国々に政治的意志が欠如していることであり、これらの国々は多国間主義と軍縮に拒否の態度を示す一方、一国行動主義と差別的不拡散を特権化しています。

全般的軍縮と核軍縮は、技術的な問題ではありません。これは、政治的意志の問題です。

これは政治目的を達するために、あるいは世界を天然資源や経済資源を支配する呵責のないパワーゲームの場所だと捉える、自分勝手な野心から脱却する問題なのです。

キューバは多国間主義と、その全面的な実行に全力で尽くしています。わが国は、核兵器をはじめとする大量破壊兵器拡散問題の根本的解決の道は、その全面廃絶だと確信しています。

キューバは来月、第14回非同盟諸国首脳会議の開催地となり、２００９年までこの国家グループの議長国を務めます。キューバは、現在置かれている困難な国際情勢のもとで、非同盟運動が果たしてきた重要な役割をさらに強めるために、力を惜しみません。私たちは、多様性を持ちながら団結した陣営として効果的に行動するために非同盟運動が必要としているコンセンサスの達成とその尊重に常に力を尽くします。

非同盟運動の議長国として、わが国は、核兵器完全廃絶という大義にたいして、強い責任を示し、最優先課題として取り組みつづけます。この目標の達成を求める声をあげ続ける明確な決意をあらためて申し上げたいと思います。

この努力のなかで、ここに参加されているみなさん方のような組織との共同は欠かせません。世論を喚起し、イニシアチブを提起し、そして私たちのたたかいに反対するものたちに対して、世界の平和勢力はあきらめないということを思い知らせるとが必要です。この地球から、広島と長崎の悲劇を二度と繰り返す危険性がまったく無くなる状況に達することが、私たちのたたかいにとって共通の重要な指針となるでしょう。

【参考資料２】

（略）

【二〇〇七年】

発言者：エルミニオ・ロペス・ディアス

（略）4年以上も前の2003年3月、キューバのフィデル・カストロ大統領《ママ》が訪日しました。その際、大統領は広島訪問という夢を果たすことができ、原爆資料館と原爆記念碑《ママ》を訪れて、原爆犠牲者に追悼の花輪をささげました。ここ広島で地元の皆さんの温かい歓迎を受けた彼は、人類が広島と長崎の教訓を学ぶことの必要性を語りました。そしてキューバに戻った大統領は、数日後にキューバ国会でこう説明しました。「広島市民に対しておこなわれたジェノサイドに、私たち全員がどれほど深く揺さぶられたか、どんな言葉をもってしても、どれだけ時間をかけても、説明することは不可能だ。人間の想像力ではあそこで何が起きたか、理解する糸口もつかめないだろう」。

冷戦終結が宣言されたにもかかわらず、世界には32300発の核兵器があり、そのうちの12000発は今すぐにでも使用できる状態にあります。核兵器近代化計画は終わっておらず、軍事費は増大を続けています。

今の軍事費のほんの一部でも、低開発が原因の問題の解決や、最も富める国と最も貧しい国の格差を少なくするために使えば、どれだけ多くのことができるでしょう。

現在軍備に向けられている資源があれば、世界の飢餓で苦しむ人々6億5200万人に1年間、食事を与えられます。また、3800万人のHIV／AIDS患者に40年間治療薬を提供できるのです。全世界の数千万の人を貧困から脱出させ、第三世界のこどもたち全員に教育を受けさせることもできます。

現在、兵器に使われているお金の10％があれば、国連のミレニアム開発目標が達成できるのです。

このような現実を変えるには、具体的な行動が必要です。命を救うためではなく、人殺しをするために、

【参考資料2】

これ以上の資源が使われるのを黙って見ていることはできません。戦争や核兵器使用の危険性以外にも、環境から貧困にいたるまで深刻な問題が山積し、人類を脅かしているいま、私たちは手をこまぬいていることはできません。

核兵器の存在自体と、その保有と使用を正当化するドクトリンは、国際平和と安全保障にたいする脅威です。キューバが、核軍縮こそ軍縮分野での最大の優先課題であるという非同盟運動の歴史的な立場を再度、表明するのはそのためです。

核保有国には、厳格かつ有効な国際的検証あらゆる側面の核軍縮につながる交渉を続け、完了させるという法的義務があります。

キューバは核軍縮の重要性を無視あるいは軽視しようとする一部の考えに反対します。彼らは、問題は核兵器の存在にあるのではなく、核兵器を保有する国の態度の良し悪しにあるのだという差別的な不拡散アプローチを押し付けようとしています。

NPT条約は選択的に実施することはできません。核軍縮と核エネルギーの平和利用にかんする義務を、条約の枠組みの中でこれ以上無視することは認められません。

私たちはNPT条約が定めている義務厳守のもとで各国がもつ、核エネルギーを平和目的で利用するという譲り渡せない権利を強く支持しています。

同様に、私たちは優先順位の高い課題として、非核保有国にたいする普遍的、無条件かつ法的拘束力のある安全保障を確約する条約の締結を支持しています。

今年のNPT締約国2010再検討会議準備委員会の第一セッションで、非同盟運動を代表して発言したキューバは、NPTの将来の不透明性にたいする懸念を表明しました。NPT実施におけるバランスの欠如は、世界的な軍縮の枠組みであるNPT体制を崩壊させる危険があります。世界はグローバル化し相互依存性が高まっているにも関わらず、核保有国は依然として核兵器が重要であると信じ続けています。核保有国とNPT体制の外にとどまっている国々は、核兵器の開発と近代化を続け、国際の平和と安全を脅かしています。私たちはこの狂気をやめさせることを呼びかけ、あらゆる形態の核兵器と核実験の禁止、および核抑止ドクトリンの廃棄を求めなければなりません。

過去5年間ほどのあいだに、NPTの枠組みの外で多くの変化がおこりました。大量破壊兵器、特に核兵器に対する懸念が叫ばれました。私たちは全員が垂直および水平の核拡散を懸念しています。また私たちは核テロを恐れ、個人や集団やその他非国家主体が核爆発装置を入手し、それをテロ活動に使うことを懸念しています。

２００６年9月にキューバのハバナで開催された第14回非同盟運動首脳会議に参加した国家元首と政府は、核兵器の存在と、その使用の威嚇が依然として人類を脅かしていることにたいする懸念を強調しました。彼らは核軍縮が遅々としてすすまないことおよび核保有国の側に前進がみられないことにたいする深い懸念を再度表明しました。

NPT条約に加盟する非同盟諸国は、NPTが核兵器の拡散を食い止めるための主要な条約であり、核軍縮追求の基礎であると確信しています。NPTが無期限延長されたことは、核保有国が無期限に核兵器を持ち続けることを意味していません。私たち締約国が核兵器の拡散を阻止しようとするなら、私たちは、核兵器の廃絶こそが、核兵器使用あるいは使用の威嚇をやめさせる唯一で絶対的な保証であるということを認めなければなりません。

NPT締約国の大部分を占めている非同盟運動諸国は、大量破壊兵器、とりわけ核兵器を世界から完全になくすことの重要性を再確認するものです。軍縮プロセスにおける諸国の努力の最終的な目標は、全面完全軍縮であるべきです。

NPT条約に加盟する非同盟諸国グループは、NPT締約国が差別されることなく平和目的の核技術を研究、生産、利用するという譲り渡すことのできない権利を有していることを再び主張するものです。自由で妨げも差別もない、平和目的の核技術の移転は、完全に保証されなければなりません。NPT条約のいかなる条文も、この権利を損なうものとして解釈されるべきではありません。核保有国は互いにおよび非核保有国や未加盟国と協力して、いかなる種類の安全保障の取決めのもとでも、軍事目的での核の共有を避けなければなりません。また、条約に加盟していない国にたいしては例外なく、核に関連するあらゆる設備、情報、物質、施設、資源、装置の移転や、核、科学あるいは技術分野の援助の提供を、完全に全面的に禁止すべきです。

キューバは非同盟運動の現議長国として、2010年のNPT再検討会議成功の基礎を築くことに貢献し、将来の世代のためにより良く、安全な世界への道を切り開くために力を尽くす決意を表明します。わが国は、人類生存のために、世界がヒロシマ・ナガサキの悲劇の教訓を一時たりとも忘れることがないようよびかけます。このたたかいは私たちだけのたたかいではありません。今日ここに集まった皆さんが代表されている地球の平和勢力が互いに支えあえば、核兵器のない世界というわたしたちの目標を必ず達成できることを私は確信しています。（略）

【二〇〇八年】

発言者：アンドレス・G・バジェステル（**リカルド・アラルコン・デ・ケサーダ**のメッセージ代読）

（略）直接間接に30万人を超す人びとが悲惨な殺戮行為で亡くなりました。その大半は婦女子・老人ですべて罪のない人びとでした。人類に対するあまりに重大な蔑視に危機感を持ち、このような行為が繰り返されることのないように、核拡散と大量殺戮に反対する運動が起こりました。

今日、冷戦の終結を見たにもかかわらず、軍備競争は続き、軍事予算は増大し、ますます精巧な新兵器が製造されています。全世界の生活困窮者たちにとって真の打撃である飢えは、現在みまわれている世界的食糧危機、深刻な環境破壊、物欲とエゴイズムに基づいた国際秩序と重なり合い深刻化しています。

米国は50年にわたり課してきた経済戦争で、国民全体を屈服させ、革命プロセスで獲得したものを後戻りさせ、キューバを崩壊させようとしています。

さらに米国はわが国に対するテロ活動を推進し、有名なテロリストたちがまったく罰せられず米国内に庇護されるのを許し、他方テロと闘う5人のキューバ人[41]を拘置し、キューバに対するテロ犯罪を未然に防ごうとしていたことによりその国の刑務所で不当に厳しい刑を課しています。

ラテンアメリカも帝国の攻撃性から逃れられません。その軍国主義は同大陸を第4艦隊の再活性化や新たな基地建設を通して栄光を甦らせようとしています。それらはベネズエラ、ボリビア、エクアドルにとって深刻な脅威となっており、米国の利益とは別の独自の民族政策をとるそのほかの国々の安定を危険にさらしています。

キューバ人民（国会）議長府は、平和を愛し、よりよい世界を求めて確固として闘うすべての人びとに、われわれ諸国民の第一の敵に対して、具体的行動を通じて、生きる権利、発展の権利、武器も戦争もない世界で平和に生きる権利を認め尊重させるよう呼びかけます。（略）

【二〇〇九年】

発言者：アンドレス・G・バジェステル

（略）広島と長崎で起った恐ろしいできごとは、今でも世界の多くの人々の心の中に残っています。64年たった今でも、あの残虐行為の深刻な影響を見ることができます。それは自分の覇権を押付けるためには最悪の犯罪行為も辞さないヤンキー帝国主義の本性を示すものです。

みなさんの団結は年を追うごとにますます重要になっています。なぜなら、世界では、軍拡競争が続き、軍事費が増大し、強力な新型兵器の開発が続いているからです。平時においてさえも戦争が恐るべき形で行われています。ほぼ半世紀にわたりアメリカの歴代政権が、キューバに対して続けている犯罪的な制裁政策も、そのひとつです。それによって、私たちがこうむった経済被害は、９３０億ドル以上にのぼります。約11年前から不当に投獄されている「５人のキューバ人」の問題もあります。彼らは、祖国キューバに対するテロ計画を阻止しようとしただけです。彼らの大義を支持してくれている日本のみなさんには、本当に感謝しています。（略）

【二〇一〇年】

発言者：アンドレス・G・バジェステル

（略）アメリカが日本と世界に対して自らが地球の所有者であると見せつけたあの日から、65年が過ぎました。アメリカは今でも同じ政策を維持し、世界に対して自らが支配者であると示したがっています。現状を見れば明らかですが、アメリカはイラクとアフガニスタンで戦争を続けており、イランと、そしてこの地域でも戦争を始めようとしています。アメリカ政府の動向に注意する必要があります。というのは、アメリカは今非常に深刻な危機にあるからです。この危機を戦争で解決しようとしているのです。戦争の歴史を振り返ってみると、アメリカはつねに戦争を利用し、開始することで自国の延命を図ってきました。

キューバ政府と平和を促進するキューバの諸団体を代表して、私はこの世界大会という重要な行事を組織されたみなさんに心から感謝を表明します。日本の人々は長年にわたって、そして今もアメリカの政策と在日米軍基地によって苦しめられています。基地がなくなる日がいつか来ることを願っています。

日本の人々と人類全体が、アメリカの非道な行為を忘れていません。しかしアメリカは今も、日本軍を打破し第二次世界大戦を終結させるために〔原爆投下が〕必要だったと強調しています。ご存知のように先日、駐日アメリカ大使が初めて広島を訪れました。しかし彼は広島に来ただけで謝罪はしませんでした。アメリカはマスメディアを利用してアメリカが何かしようとしていると見せたかっただけです。全体としてアメリカはなにも行動していませんし、日本の人々に対する非道な〔原爆〕攻撃について謝罪もしていません。

各国内で、そして世界中で起こっている紛争を見てみると、現在何が起こっているかが分かります。世界の軍事支出は毎年一兆ドルを超えています。アメリカ一国だけで、他のすべての国々の軍事支出の総計とほぼ同じ額の軍事費を支出していますし、世界の武器貿易の60パーセントはアメリカ企業の生産によるものです。つまりアメリカはいまだに世界中に武器を売りつけて自国の維持をはかっているのです。貧しい国々のことも、人類全体のことも考えていません。最も正確な推定によると、冷戦終結当時、世界には3万発の核兵器があり、うち3000発が即座に使用できる状態に置かれていました。以来核兵器の近代化計画は止むことがなく、イスラエルのような国は今も多くの核兵器を保有しています。イスラエルを支援している国はどこか。アメリカです。アメリカはイスラエルのような国を支援するのを止め、核兵器製造をやめるべきです。

非同盟運動の一員であるキューバは、軍縮問題の中でも核軍縮を最優先課題として推進してきました。キューバはあらゆる兵器の廃絶を支持し、核兵器問題の解決に取り組んでいます。ご存知のように、ラテンアメリカ諸国の私たちはトラテロルコ条約[42]に調印し、非核兵器地帯となっています。核兵器からの解放のために戦うというこの考え方こそ、世界の他の国々が見習うべき模範です。

私の国が1959年にアメリカから独立してから50年が経ちました。1959年当時、キューバには6000人しか医師がいませんでした。しかし今キューバ人医師は7万5千人を数え、そのうち3万5千人が120以上の国々で活動しています。特に現在ハイチには1000人のキューバ人医師が派遣され、ハイチの人々の命を救うために働いています。

私たちは世界にハイチの人々のための医療計画を実施することを提案しましたが、アメリカやその他の先進国はまだハイチの国民を救う手立てをとっていません。この提案を他の国々が検討することを望んでいます。人々に無償の教育、無償の医療を提供することで、平和に対して別の見方ができるようになり、真の平和を見つけることができると思います。

【参考資料２】

核兵器を作る必要も、兵器を持つ必要もないのです。私たちは人々が平和のうちに生きられる道を見つける必要があります。そして私たちはアメリカ人に対して、平和のために戦うよう説得しなければなりません。オバマ大統領とアメリカ政府に対して、再び戦争を開始しないように説得する時間はまだあります。

現在の核兵器は、広島、長崎に投下された原爆の４万倍の威力を持っています。つまりもしイランやこの地域で戦争が開始されたら、人類は滅亡するのです。だからこそ私たちは日々、平和のために努力せねばなりません。前回広島で行われた大会で私は、オバマは大統領選挙期間中核兵器をなくすと約束したが、何も変わっていない、と述べました。今でも核兵器を削減する具体的な行動はまだ見られません。この大会に参加している私たちが、オバマ大統領とアメリカ国民に対して、平和の道を歩み、戦争を開始するな、というメッセージを送るべきだと思います。最も大事なのは人類であり、人類を救うためにたたかうことです。核兵器による汚染と破壊ではなく、貧困を解消するためにたたかわねばなりません。

最後に日本の人々について一言申し上げます。日本国民はとても善良な人々ですが、アメリカの政策と振る舞いに苦しめられてきました。私の国も同じような経験を多くしています。50年以上にわたりアメリカはキューバに対し禁輸措置を続けています。多くの人々が禁輸と封鎖をやめよと働きかけていますが、アメリカはキューバに対し同じ政策を続けています。つまりアメリカは変わっていないのです。私は時々アメリカ人の友人に「君たちはキューバに旅行する自由がないんだね」と言います。アメリカが真に民主主義の国だと言うなら、なぜアメリカ国民はキューバに渡航できないのでしょうか。アメリカ国民がキューバの現実を見るためにキューバを訪問するなら大歓迎です。しかしアメリカはすべてのマスメディアを支配し続けています。彼らは人々に真実を知って欲しくないのです。

アメリカ国民がキューバに来て現実を見て自分なりの結論を出せばいいと思います。この会議に参加されている皆さんが、アメリカに対キューバ禁輸措置を止め、テロ行為をやめるよう呼びかけてほしいと思います。アメリカから薬品を買うことができないために多くの人々が亡くなっています。そのため私たちは製品や食品をユーロ建てで高い値段で買わなければなりません。アメリカはすぐ隣にあり近いので、アメリカから製品を輸入して観光客も受け入れられればいいはずです。しかしできないのです。アメリカ政府が自国民のキューバ訪問を禁じているからです。これはアメリカが本当は自由ではなく、国民が政府に統制されていることを示す一例です。もしアメリカ国民がキューバに行くことができれば、わかるはずです。

アメリカ国民には核兵器をなくすことはできないでしょう。アメリカの世界支配をめざす政策は変わっていません。人類がこれをやめさせることができるよう望みます。アメリカが戦争を起こすのをやめさせないと、世界は消滅してしまいます。イランが平和目的で核エネルギーを生産していることはみんな知っています。しかしイスラエルはパレスチナ人民に対して多くの兵器を作り、人々を殺しているのに、誰も何も言いません。アメリカは何も行動せず、イスラエルに制裁も行いません。人類の将来を考えるため、みなさんがたすべてのご意見をうかがいたいと思います。

キューバは非常に小さな国です。1千百万人の人口しかありません。ですが私たちは世界の多くの人々を助けています。キューバは世界各国から医学を学ぶ学生を受け入れており、彼らは自国に帰れば多くの人々の命を救うことができるようになります。私は大平洋の国々を訪問したことがあり、ある日キリバスに行きました。私が行ったとき、キリバスには四人しか医師がいませんでした。今は24人の医師がいます。20人のキューバ人医師がキリバスで活動しています。これが平和のうちに生きる一つの道です。私たちは多くの人々を助けることができるのです。私の持ち時間はなくなりましたが、キューバの人々からのこのメッセージをお伝えしたいと思います。

【二〇一一年】

発言者：アレイダ・ゲバラ

親愛なるみなさん、

【参考資料２】

50年以上前、チェ・ゲバラが広島を訪れ、平和のためにより強くたたかうためにはこの地を訪れるべきだと、妻に手紙を書きました。彼のいうとおりです。

広島を歩きますと、人間がこれほどの破壊力をもっているのかと気づかされ、その手段を手にすれば、憎悪と権力は、悲しみと絶望さえも引き起こすことができるのだということを肌で感じます。

あの日、人類にとって最も尊いものを一瞬にして破壊し、消滅させる知識が利用できることを教えている、この歴史的事件の場所から、私は、すべての人々のためによりよい、より公正な世界をめざしてたたかうキューバ人民を代表して、また諸国民とともに、どの国であろうと私たちが愛するものを破壊する力に反対し、結束して私たちの力を示すことを呼びかけます。

私たちは、真の民衆の力をつける必要があります。どの国の政府であれ、核兵器もどのような種類の大量殺戮兵器も持たせてはなりません。

どんな人であれ、人類の生存を脅かす権利はありません。もし、ある一つの国がこのような力を誇示すれば、他の国は自分たちの安全保障のために同じような兵器をもつ権利が、当然あると考えてしまいます。それこそ避けなければなりません。

私は、核兵器を他の国の人民にたいして使用した世界で唯一の政府こそ、この核軍縮の時に、その方向で行動し、すべての諸国民にとって新しい段階を開くべきだと申し上げたいと思います。

私は平和を求めて声を上げます。人種や思想信条、イデオロギーの違いをこえてすべての人々のための尊厳をともなった平和をめざしましょう。命をまもる基本的な措置をとっていればたくさんの人々、子どもが、予防できる病気で死ぬのを避けられるのです。

私は、世界中の人民の連帯と相互尊重を求めて声を上げたいと思います。それが長い道のりになることは承知しています。私たちはみな同じこの地球に住み、すべての人々が区別なく、もし真剣に忍耐強く解決を見出そうとしないならば、生存できなくなるからです。

残念ながら時間が残り少ないのです。何もしないでいることはできません。次の世代のために、命をまもらなければなりません。いまこそ行動するときです。これ以上待つことはできません。

世界中のすべての誠実なみなさん、たたかいに参加しましょう。私たちが団結すればかならず勝利できます。より公正な世界のために、大量殺戮兵器のない世界のために、尊厳ある平和のために、前進しましょう！

最後の勝利の日までがんばりましょう！（略）

【二〇一二年】

発言者：ホセ・フェルナンデス・デ・コシーオ

（略）１９４６年1月24日に国連総会が採択した決議第1号は、原子力の発見で新たにもたらされた問題を研究する委員会の設立を要請し、第5段落で、「各国の軍備から原子兵器その他大量殺戮を起こすあらゆる大規模兵器を廃絶する」よう呼びかけました。国際社会は、60年以上前から、核兵器のない世界をもとめるよびかけを行ってきたのです。

多国間協調主義こそ、軍縮と不拡散の分野で意味のある永続する成果を達成する唯一の道です。

非同盟運動は、注目に値する提案を行っています。その中の行動計画で、遅くとも２０２５年までに核兵器の完全廃絶と禁止をめざし、段階的に削減していく具体的なスケジュールを打ち出しています。２０１１年5月にインドネシアのバリで開催された第16回閣僚級会議では、「核兵器の完全廃絶に関する宣言」を採択し、核兵器廃絶の方策と手段を決定するための国際会議を招集する取り組みを再確認しました。

非核兵器地帯の創設は、軍縮と核不拡散をめざすとりくみに大きく貢献します。ラテンアメリカとカリブ海に非核兵器地帯を設置したトラテロルコ条約は、世界の他の地域が後に続く道を開きました。

中東にできるだけ早期に、非核兵器地帯を創設しなければなりません。この地域で反対しているのはイスラエルだけです。非核兵器地帯が実現すれば、紛争と核拡散の脅威が減り、激動の時代にあってＮＡＴＯの軍事介入という危機に直面している中東地域で、永続的な平和を実現することにも真の貢献となるでしょう。

２０１１年12月３日、ラテンアメリカ・カリブ海諸国共同体（スペイン語のイニシャルでＣＥＬＡＣ）[43]は、核兵器の完全廃絶に関する特別声明を採択し、全面的かつ検証可能な核軍縮が重要であり、最優先事項であることを再確認しました。

二重基準と政治的利益に基づく、核不拡散条約の操作をやめさせなければなりません。特権をもつ国々は、核兵器の改良を続ける一方、途上国にたいして原子力の平和利用という奪うことのできない権利を侵害しようとしています。

「核抑止力」の概念は、核軍縮に貢献するどころか永久保有を奨励するものです。支持も容認もできない軍事ドクトリンの基盤として、きっぱりと放棄されねばなりません。

主要な核兵器国が戦略核兵器削減協定を結んだことは、積極的ではありますが十分な兆候ではありません。後戻りできず検証可能な透明性ある方法で核兵器の完全廃絶につながる、具体的な措置を進めなければなりません。

残念ながら、核兵器国、特に最大の保有国である米国は、核不拡散条約（ＮＰＴ）の下での誓約を守っていません。条約第六条は次のように規定しています。「各締約国は、核軍備競争の早期の停止及び核軍縮に関する効果的な措置につき、並びに厳重かつ効果的な国際管理の下における全面的かつ完全な軍備縮小に関する条約について、誠実に交渉を行うことを約束する」

私たちは、最大の核兵器国である米国にたいし、決められた期限内に核の脅威をなくすための協定を締結する交渉に反対するのをやめるよう、呼びかけます。

核のテロとたたかう最善の方法は、これ以上の遅滞や口実を許すことなく、貯蔵されている核兵器をすべて廃絶することです。

NPTの3つの柱である軍縮、不拡散、原子力の平和利用は、差別や二重基準なしに厳格に順守されなければなりません。

核兵器の拡散問題では、「水平」拡散（核兵器と保有国の数の増加）ばかりが取り上げられがちです。「垂直」拡散（既存の核兵器をさらに強力で破壊的にする開発）を防ぐ具体的措置がとられねばなりません。不拡散は、それ自体が目的ではなく、核兵器廃絶を達成する手段なのです。

核兵器国は、核軍縮での自らの責務を真剣に遂行することなしに、非核兵器国にさらなる不拡散の努力を強めるよう求めることはできません。

2011年7月28日、キューバ人民権力全国議会の国際関係委員会は、平和と核軍縮に関する宣言を採択し、未来の世代が平和で核兵器のない世界に生きられるように、貯蔵核兵器の完全廃絶につながる具体的措置を促進するよう、世界各国の議会に呼びかけました。

キューバは、確かな事実をもって、NPTの責務を一つ一つすべて順守する政治的意思を明らかにしてきました。

キューバは、核物質の物理的防護に関する条約、核によるテロリズム行為の防止に関する国際条約及びその他のテロリズムに関する国際条約に加盟しています。核物質の違法取引に関する国際原子力機関（IAEA）のデータベースの参加国でもあります。これまで、この種の取引がキューバで行われたとの報告はありません。

キューバでIAEAが実施した安全保障措置の査察では、平和目的に限った原子力の導入というキューバの確固たる順守姿勢が証明されました。IAEAが出した世界の保障措置適用状況に関する報告書で確認されています。

キューバでは、特に医療や農業など重要な経済分野における核技術の応用が高く評価されています。私たちがＩＡＥＡの技術協力活動を重視しているのは、そのためです。

キューバは、経済、科学、技術開発で後れを取っている国々が必要としている、平和目的で使用するための物質や機材、技術へのアクセスを制限することに反対です。その一例が、米国政府がキューバに対し継続している不公正かつ犯罪的な経済封鎖措置です。これにより、キューバにとつて大変重要な医療や農業での原子力の利用に、影響が出ています。

【二〇一四年】

発言者：マルコス・ロドリゲス

地球温暖化の影響による生活条件の悪化と核兵器の存在は、人類の生存にとって大きな課題です。人類の生存は、２万２０００発を超える核兵器の存在によって脅かされています。その半分がいつでも使用可能な状態にあるのです。人類が二度と核兵器のおそろしい被害を受けないようにするための唯一確実で効果的な方法は、核兵器の全面禁止と完全廃絶です。地球上の命を守るために、私たちは平和を守らなければなりません。

核兵器の使用は、ジェノサイドの防止と環境保護に関する国際法に対する明白な違反を意味します。キューバは、核兵器の使用は完全に道徳に反するものであり、いかなる概念や安全保障のドクトリンもそれを正当化することはできないと主張します。

不拡散というごまかしはやめるべきです。それは自分たちの核兵器の改良を続けている、特権を与えられた核クラブに属する国々による二重基準と政治的利益にもとづくものです。

「核の抑止力」という考えはきっぱりと捨てるべきです。それは、根拠のない受け入れがたい軍事ドクトリンの基礎となっており、核軍縮に貢献するどころか核兵器の永久保有を促すものです。

世界が今、開発の推進よりも戦争をするための手段の方により多くの資金を費やしていることは許されません。この10年間に軍事費は49％も増大しています。その資金の大きな部分が、核兵器を固定化しその致命的な破壊力を高めるために使われているのです。

今日軍備に使われている資源の使い方を変えれば、世界の14億人が直面している極度の貧困をなくし、10億人を超える飢餓に苦しむ人々が食べられるようになり、毎年１１００万人の子どもたちが飢えや予防可能な病気で命を落としている状況を終わらせ、機会に恵まれないまま大人になった7億５９００万人の人々に読み書きを教えることができるのです。

キューバは、他の非同盟運動諸国とともに、核軍縮を最優先の課題としてとりくんでいます。キューバ革命の指導者であるフィデル・カストロは、さまざまな機会に、核兵器が人類の生存を脅かしていることを告発しています。

核軍縮は、際限なく先延ばしにされ一方の側の手に委ねられたままであってはなりません。非同盟運動は、核兵器を遅くとも２０２５年までに完全に廃絶・禁止することをめざす段階的削減への具体的なスケジュールを確立する提案をおこなっています。国際社会はこの提案を検討すべきです。

国際社会ととりわけ核保有国は、期限を切った核兵器の完全廃絶と、開発、生産、取得、実験、移転、使用または威嚇の禁止及びその廃棄への措置について合意しなければなりません。

人々は、人類の生存のために、政治指導者たちにこれらのことを約束せよと要求する権利があります。人類の生命がそのような危険にさらされている時、誰も無関心でいることはできません。私たちはただちに、その権利を尊重するよう要求しなければなりません。明日では遅すぎるかもしれないのです。

これらの課題に対応するうえで、人類の意識を変えることが不可欠です。多くの政治家が隠したり無視したりしている、新聞も報道しないような、多くの人々にとってあまりに恐ろしく直視できないこうした問題について真実を広めることが求められています。

キューバは１９６２年10月にミサイル危機を経験しました。その当時世界が大惨事の一歩手前だったことを、私たちは知っています。今、状況はあの時より悪くなっているかもしれません。兵器はより強力で精密になっています。犯罪的な広島・長崎に対する原爆投下で使われた爆弾の数十倍の威力を持つ爆弾の実験がおこなわれています。

ラテンアメリカ・カリブ海諸国共同体（ＣＥＬＡＣ）に加盟する33か国の指導者たちは、今年1月キューバで、この地域を「平和地帯」とする画期的なハバナ宣言[44]を採択しました。

この中でこれらの国々は、他国の内政に干渉しないこと、紛争を平和的に解決すること、「すべての国の政治的、経済的、社会的、文化的制度を選ぶ不可侵の権利」を守ることを約束しています。

ハバナ宣言はまた、あらためて地球上の核兵器の完全禁止の必要性に言及し、１９６７年に造られこの地域を非核地帯としたトラテロルコ条約の今日的意義を強調しています。

私たちは、人間の連帯と正義にもとづく新たな世界秩序を構築するために全力をあげなければなりません。紛争は対話と協力によって解決されるべきです。（略）

【参考資料２】

【二〇一五年】

発言者：フェルナンド・ゴンサレス・ジョルト

（略）私たちはこれまでの発言を大きな関心を持って聞いていました。いずれも核兵器の存在が、この地球上の生命及び人類の存続にたいする重大な脅威となっていることへの懸念を表明していました。

核エネルギーの持つ可能性は、それが発見された時からすべての国の経済発展のみに活用されるべきでした。核エネルギーの軍事利用は、結果として恐怖と死しかもたらさないからです。

今日私たちは、１９４５年、広島・長崎を破壊した10から20キロトン原爆のもつ恐るべき破壊力を、怒りと悲しみと共に思い返しています。しかし当時の小さな爆弾に比べると、現在ではその破壊力は最大30倍で、精度や機能もずっと高度なものになっています。

現存する15000発の核兵器のほんの一部でも使用されれば、地球に壊滅的な被害をもたらし、何百万人もの命を奪い、環境と、現在と未来の世代の命を脅かします。核兵器使用はどんな安全保障ドクトリンによっても正当化できるものではありません。

核兵器の存在が世界をより安全にすると考える人がいます。しかしそれは全く逆です。

安全な世界を求めるのであれば、核兵器のない世界が必要なのです。この兵器のもたらす悲惨な影響を人類が二度と被らないことを確実にする唯一の保証は核兵器の全面禁止と廃絶です。そのためには、核兵器を永遠に保有することを促す軍事ドクトリンの基礎である「核抑止力」の考え方を放棄しなければなりません。

キューバは、すべての国がもつ不可譲の権利である、原子力の平和目的での研究、生産、使用、そしてそのために輸送される物質、装置や科学的および技術的情報をどんな差別を受けることもなく受け取る権利を擁護しています。

原子力の唯一の目的は、人々の福祉のための平和利用であるべきです。長い間、キューバでは優先プログラムに原子力を割当て、このエネルギー資源の最適な利用により高い効果を生み出してきました。原子力の応用は公衆衛生、農業、水文学、食糧及び放射線防護と放射線安全性などの分野で行われています。キューバのこれらの分野での事業は全て平和的なものに厳しく限定されています。キューバはNPT締約国として、国際原子力機関加盟国としての全ての義務を完全に履行しています。

今日、核兵器の維持や近代化につぎ込まれている巨額の軍事費は、人類の利益のために各国の発展を促し、貧困を撲滅するために使用されるべきです。

核軍縮・廃絶の目標の実現を先延ばしにすることは許されません。包括的、透明かつ検証可能で不可逆的な核軍縮の達成は、最優先の課題です。キューバは核兵器の完全廃絶をめざし、その達成まで努力を続ける決意です。（略）

【参考資料2】

【出典】

原水爆禁止世界大会実行委員会『原水爆禁止世界大会の記録』一九六一年、一九六四年、一九六八〜一九七六年、一九八二〜一九八三年、一九八六年、一九八八〜一九八九年、一九九三年、一九九七年、一九九八年、二〇〇五〜二〇一五年

【注】

(1) ヒロン海岸(プラヤ・ヒロン:Playa Girón)はキューバ中南部のピッグズ湾に面した海岸。一九六一年四月十七日に亡命キューバ人を中心にしたアメリカ侵攻軍が上陸したが、キューバの正規軍、民兵、一般市民の必死の抵抗に阻まれ、三日後に撤退した。

(2) 一九五五年八月に第一回原水爆禁止世界大会が広島で開催され、同九月に原水爆禁止日本協議会(日本原水協)が結成された。その後、中ソ対立や社会主義国の核保有をめぐって、組織内部の対立が激化し、一九六三年の第九回大会から分裂して開かれるようになった。

(3) 一九四五年八月の日本降伏により、ホー・チ・ミン(Hồ Chí Minh)がベトナム民主共和国を樹立。その後進駐したフランス軍と軍事衝突し、フランスがバオ・ダイ(Bảo Đại)帝を擁立して臨時政府を建てたため、ベトナムは南北分裂した。一九五四年五月にフランス軍がディエンビエンフーで敗北し、同年九月にインドシナ休戦のためのジュネーブ協定が調印された。協定により北緯十七度線で南北ベトナムは分断された。休戦協定に参加しなかったアメリカは、バオ・ダイ帝に代わって、ゴ・ジン・ジェム(Ngô Đình Diệm)を大統領に据え、ベトナム共和国を樹立。一九六〇年代には南ベトナム解放民族戦線が結成され、アメリカ・南ベトナム軍と北ベトナム軍・南ベトナム解放民族戦線の間で戦闘が開始された。

(4) サンフランシスコ講和条約により、沖縄と小笠原は奄美、伊豆、トカラ諸島とともにアメリカの統治下に置かれた。小笠原は一九六八年六月二十六日、沖縄は一九七二年五月十五日に日本に復帰した。

(5) 一九六三年一月にアメリカから原子力潜水艦の寄港の申し入れがあり、日本政府は翌年八月に受入通告をした。以後、寄港予定地の横須賀、佐世保では寄港反対運動が起きているが、米原潜の寄港は常態化している。

(6) 第二次世界大戦後、アフリカにおける英仏等の植民地は独立を果たしたが、ポルトガル領のアンゴラ、ギニア・ビサウ、モザンビークは植民地支配が続いていた。これらの地域では一九六〇年代以降、共産党系の武装解放組織による独立運動が盛んになり、一時は米ソの代理戦争の様相を呈していた。

(7) 一九六七年六月五日にイスラエル軍が突如エジプトの空軍基地を攻撃。シナイ半島のエジプト軍は壊滅的な被害に会い、六日後に停戦した(第三次中東戦争)。

(8)「ベトナム民主共和国の四項目」とは、一九六五年四月八日に北ベトナムのファン・バン・ドン(Phạm Văn Đồng)首相が提唱したベトナム和平案。①ジュネーブ協定に基づくアメリカ軍の撤退②南北ベトナムと他国との軍事同盟禁止③南ベトナム解放民族戦線綱領に基づく南ベトナム人民自身による南ベトナム問題の解決④南北ベトナム人民自身によるベトナム統一問題の解決、の四項目に関するもの。一方、「南ベトナム解放民族戦線の五項目」とは、一九六五年三月二十二日に発表された①アメリカ帝国主義の排除②南ベトナム独立・ベトナム統一③南ベトナムの解放・北ベトナムの防衛④世界人民との連携⑤アメリカと売国奴(南ベトナム傀儡政権)に対する勝利、に関する宣言のこと。

(9) ジョンソン大統領の「北爆停止宣言」を受けて、一九六七年五月からパリで定期的に開催されていたベトナム戦争の和平会談。

(10) 中ソ対立後、ソ連派となったボリビア共産党は、ゲバラによるボリビアでのゲリラ戦支援を停止したため、ゲバラは独自に民族解放軍を結成した。ボリビア共産党員だったペレード四兄弟も民族解放軍に参加し、ゲバラとともに戦った。解放軍司令官だったインチ・ペレード(Inti Peredo)は一九六九年に戦死。

(11) 一九六二年十月十六日、アメリカは航空写真を基にキューバ国内にソ連のミサイル基地が建設中であることが判明したと発表。ケネディ大統領はソ連にミサイル撤去を要求し、キューバの海上を封鎖した。同二十四日キューバに向かっていたソ連の輸送船は引き返し、米ソ核戦争の危機は回避された。

(12) グアンタナモ(Guantánamo)基地は一九〇三年からアメリカが租借しているキューバ南東部のアメリカ海軍基地。

(13) 一九六八年一月二十八日、アメリカ海軍の情報収集船「プエブロ号」が北朝鮮の元山沖で領海侵犯容疑により拿捕された事件。
(14) カマウ岬(Mui Ca Mau)はベトナム最南端に位置する岬で、米軍による枯葉作戦の被害地でもある。
(15) 「ナンボ(Nam Bộ)」とは文字通り、ベトナム「南部」のこと。ホーチミン市を含む東南部からメコンデルタまでを指す。
(16) 一九七五年一月二十五日に発表されたニクソン大統領によるベトナム和平に関する提案。①南ベトナムからの米軍を含めるすべての外国軍の撤退②インドシナ全域で逮捕された軍民関係者の釈放③南ベトナムに対する不干渉と人民による自決④ジュネーブ協定に基づくインドシナ諸国への不干渉⑤インドシナ諸国間問題はインドシナ諸国同士で解決すること⑥インドシナ全域での全面的停戦⑦停戦条件等の国際的監視⑧インドシナ諸国民の権利と平和に関する国際的保障、の八項目。
(17) グェン・バン・チュー(Nguyễn Văn Thiệu)は一九六七~七五年のベトナム共和国大統領、グエン・カオ・キ(Nguyễn Cao Kỳ)は一九六五~六七年の首相、六七~七一年の副大統領。二人ともサイゴン陥落直前に海外に亡命した。
(18) 一九六九年五月に臨時革命政府が示した提案。①独立・主権等のベトナムの基本的権利の尊重②米国の完全撤退③ベトナムの祖国防衛権④ベトナム内政への不干渉⑤和平・総選挙まで南北ベトナムの政治体制の維持⑥南ベトナム外交の平和・中立路線⑦ベトナムの平和的統一⑧南北ベトナムと他国との軍事同盟禁止⑨捕虜釈放とアメリカによる戦争損害の補償⑩米軍撤退・武器撤去の国際監視。
(19) 前掲注(7)
(20) PAIGCは「ギニア・カーボベルデ独立アフリカ党(Partido Africano da Independência da Guiné e Cabo Verde)」、MPLAは「アンゴラ解放人民運動(Movimento Popular de Libertação de Angola)」、FRELIMOは「モザンビーク解放戦線(Frente de Libertação de Moçambique)」、CONCPは「ポルトガル植民地ナショナリスト組織協議会(Conferência das Organizações Nacionalistas das Colónias Portuguesas)」の略称。
(21) 「ビィンリン」は「ビンリン」、や「タンニン」は「タイニン」のことか。一九七一年七月、B52爆撃機が中部のクワンチ(Quang Tri)省のビンリン(Vinh. Linh)を爆撃。一九六七年二月には東南部タイニン(Tây Ninh)

【参考資料2】

省で「ジャンクション・シティ作戦」が行われた。

(22) 第一次インドシナ休戦協定。一九五四年七月二十一日、ジュネーブでアメリカ・フランス・ソ連・中国、南北ベトナム、ラオス、カンボジアの代表が参加して締結された。①インドシナ休戦とベトナム独立の確認②総選挙による南北ベトナムの統一③北緯一七度線を暫定境界線とする④軍事同盟参加・外国軍基地設置の禁止、が決められた。

(23) 一九四五年に日本がインドシナ半島から撤退したあと、フランスが介入し、ラオス王国が復活したが、完全独立をめざす左派グループは、王族のスファヌボン(Souphanouvong)を中心とした自由ラオス戦線を結成した。ジュネーブ協定後、ラオスは独立し、ラオス自由戦線は一九五六年にラオス愛国戦線と改称した。ラオス愛国戦線は、フランスに代わってインドシナに干渉し始めたアメリカに対して、ベトナムとともに戦い、一九七五年ベトナム戦争終結後にラオス共和国を樹立。スファヌボンが初代大統領に就任した。

(24) カンボジアの首相であったロン・ノル(Lon Nol)は一九七〇年に外遊中だった元国王で国家元首のノロドム・シハヌーク(Norodom Sihanouk)を追放し、シハヌークの従兄弟であるシソワット・シリク・マタク(Sisowath Sirik Matak)を首相にして、自身は大統領の座についた。その後、カンボジアにはアメリカ軍やベトナム軍が侵攻、クメール・ルージュによる内戦も開始された。一九七五年にロン・ノルはアメリカに亡命、シリク・マタクは殺害された。

(25) 一九六九年十一月にニクソン大統領がグアムで発表したアメリカの対外政策原則。ベトナムからの「名誉ある撤退」、同盟国に対する条約上の公約は果たすが、各国の国防についてはその国自身が一義的に義務を負うことを求めた。

(26) 一九七一年七月の一一九回パリ会談におけるグエン・チ・ビン(Nguyên Thi Binh)外相による提案。①米軍の完全撤退②南ベトナムの民族自決③南ベトナム武装勢力の自律的解決④南北ベトナムの平和的統一⑤南ベトナムの平和・中立の外交政策⑥アメリカによる戦争損害補償⑦諸協定の尊重と国際的保障の七項目。

(27) チリの左翼政党が連合して「人民連合」を組み、一九七〇年に社会党のアジェンデ(Salvador Allende)が大統領に選ばれた。一九七三年にピノチェト(Augusto Pinochet)将軍による軍事クーデターが起こり、アジェンデ大統領は官邸内で死亡した。

(28) 一九六八年十月、ベラスコ・アルバラード(Juan Velasco Alvarado)将軍の軍事クーデターにより成立したペルーの革命政権。農地改革、産業の国有化、対米従属を脱した自主外交を目指した。ベラスコ大統領は一九七五年の無血クーデターによりに失脚した。

(29) 前掲注(26)

(30) 一九四九年五月、ドイツの英米仏占領地域にはドイツ連邦共和国(西ドイツ)、同年十月、ソ連占領地域にはドイツ民主共和国(東ドイツ)が建国された。一九六六年に西ドイツのキージンガー内閣の下で外相になったブラント(後の首相)が「東方外交」政策を開始し、東欧諸国に接近してきたことに対抗して、ソ連は一九六七年にポーランド、チェコスロバキア、東ドイツの間で友好協力相互援助条約を締結したが、一方で西ドイツとの和解も進めるため、一九七〇年にソ連・西独武力不行使条約を締結した。一九七二年四月には東西ベルリン問題の改善を目的としたベルリン四か国協定が調印された。同年十二月には東西ドイツ間基本条約が結ばれ、両ドイツは相互に主権国家として承認し合うことになった。

(31) 一九七二年五月にニクソン大統領がモスクワを訪問し、ブレジネフ書記長との間で戦略兵器制限条約(SALTⅠ)が調印された。

(32)「ギニアビソー」は西アフリカの「ギニア・ビサウ(Guiné-Bissau)」、「カポ・ベルデ」はギニア・ビサウ沖の島「カーボベルデ(Cabo Verde)」、「アンジェラ」は南西アフリカの「アンゴラ(Angola)」の誤記だと思われる。

(33) 一九世紀末の米西戦争でスペインが敗北した結果、キューバやプエルトリコはアメリカの支配下に入った。一九〇二年にキューバは独立したが、プエルトリコはアメリカの直轄領(一九五二年に自由連合州)になり、その後、プエルトリコの政治的地位をめぐって、島民の意見は州昇格派、自治拡大派、完全独立派の三派に分裂している。

(34) ホセ・マルティ(José Martí)は一八五三年生まれのキューバの詩人、革命家。一八九二年にキューバ革命党を設立し、キューバ国内でスペイン軍と戦闘中に戦死した。マルティは早くからアメリカの覇権主義的性格を見抜き、批判した点で、のちのアメリカと中南米の支配・被支配関係を予見していたと高く評価されている。フィ

【参考資料2】

デル・カストロによるキューバ革命後も「建国の父」としてたたえられている。

(35) 一九八五年十一月のソ連最高会議においてゴルバチョフ書記長が、レーガン大統領の戦略防衛構想（SDI：通称スターウォーズ計画）に反対する演説の中で、「軍事的均衡を破るアメリカの方針を断固として拒絶し、ソ連は大規模な『平和のイニシアチブ』を打ち出す」と述べた。

(36) 冷戦後の国際秩序について、国連や欧州連合のような主権国家を超えた存在が世界経済や地球環境等の地球全体の問題を段階的に解決するという構想。一九八九年のゴルバチョフ書記長の国連演説、一九九〇年のブッシュ大統領による連邦議会での演説で広まった。

(37) 一九七四年の国連資源問題特別総会で発展途上国が中心となり、「新国際経済秩序樹立に関する宣言」が採択された。この宣言は資源ナショナリズムに基づき、IMF—GATT体制を批判し、不公正な貿易の改善、多国籍企業の規制をはじめ南北格差の是正等を訴えている。

(38) ガルシア＝マルケス（Gabriel García Márquez）は一九二八年、コロンビア生まれの小説家。『百年の記憶』『予告された殺人の記録』等の傑作により「魔術的リアリズムの旗手」と呼ばれ、世界中の文学者に多大な影響を与えた。一九八二年にノーベル文学賞を受賞。フィデル・カストロとの長年の交友は有名である。二〇一四年にメキシコで病没。

(39) ルイス・ポサダ・カリレス（Luis Clemente o Posada Carriles）とオルランド・ボッシュ（Orlando Bosch）は亡命キューバ人で一九七六年のキューバ航空四五五便爆破事件の犯人とされる反共テロリスト。カリレスはCIAの元工作員であり、ハバナ連続爆破事件やカストロ暗殺事件の首謀者とされ、亡命先のアメリカで告発されたが、無罪判決を受けて釈放されている。ボッシュもアメリカ司法省から国外退去命令を受けたが、ブッシュ大統領が命令を撤回し、フロリダに滞在している。

(40) 二〇〇〇年NPT再検討会議では核保有国が核兵器を全廃することを約した最終文書に合意した。NPT第六条「核軍縮義務」の履行のための実効的措置として、「包括的核実験禁止条約（CTBT）の早期発効」、「核爆発実験のモラトリアム」等の一三項目が挙げられている。

(41) 一九九八年、マイアミにおける反キューバ政府運動家らによる破壊活動をスパイしていたという容疑で五人のキューバ人がFBIに逮捕され、全員が終身刑等の禁固刑の処分を受けている。
(42) 一九六二年のキューバ危機をきっかけにラテンアメリカにおける非核化運動がさかんになった。一九六七年にメキシコ市トラテロルコ(Tlatelolco)で調印されたため、トラテロルコ条約と呼ばれるが、正式名称はラテンアメリカ核兵器禁止条約。条約加盟国は核兵器の実験・製造・使用・取得・配備を禁止し、核保有国は付属議定書を批准し、ラテンアメリカへの核兵器使用と威嚇を行わないよう求めた。キューバは当初プエルトリコ・パナマの非核化とグアンタナモ基地撤去問題を理由に加盟していなかったが、一九九五年に署名、二〇〇二年に批准した。これにより全ラテンアメリカ諸国の批准が完了した。
(43) ラテンアメリカ三三カ国による地域連合(Comunidad de Estados Latinoamericanos y Caribeños : CELAC)。二〇一一年にベネズエラで開かれた首脳会議において正式に設立された。
(44) 二〇一四年、ハバナで開催された第二回ラテンアメリカ・カリブ諸国共同体首脳会議で採択された宣言。ラテンアメリカ・カリブ諸国を「平和地域」「非核地域」とし、内政不干渉、各国の主権・自決を尊重することが決議された。

【参考資料2】

編集後記

本書の「序文」「Ⅰ章」「Ⅱ章」「Ⅲ章1、2」と「Ⅳ章」は、著者である林立雄が執筆し、「Ⅲ章3、4」、「参考資料1、2」は、著者の取材ノートをもとに編者がまとめた。「Ⅲ章5」、「Ⅴ章」、「概説1～3」は、キューバ等に関する図書、雑誌、新聞記事を参考に編者が追加して執筆したものである。

編者の父である著者・林立雄は、一九三三年に広島県呉市に生まれ、廿日市市で育った。一九四五年当時の自宅には母（父は出征中）、祖父母、姉、弟、東京から疎開してきた二名の従妹が住んでいた。原爆投下当時は国民学校六年生で、廿日市の小学校の校庭にいた。直線距離で約十五キロ離れた広島市の方向から飛んできた爆風の風圧を感じたという。家族のうち、被爆者は著者の二歳年上の姉だけだった。実は、八月六日の数日前まで爆心地直下の島病院（現在の島外科内科）に弟が入院していたが、回復したので、退院していた。八月六日は病院に母が薬を取りに行く予定だったが、急に体調が悪くなり、その日、建物疎開のため広島市内に向かう姉が帰りがけに島病院に寄ることになっていた。高等女学校の二年生だった姉は原爆投下時間には、爆心地から約二・五キロ西方の己斐にいて被爆した。ボロボロの服で裸足のまま、徒歩で自宅に帰りついたときには全身、水に濡れていた。驚いた母親が「どうしたんか」と聞くと、「途中で雨が降ってきた。」と泣きながら答えた。「黒い雨」にうたれたのだった。その後、母親は娘の身体に何か異常がある度に「原爆のせいではないのか」と心配し、結婚・出産に不安を覚えていた。当時の広島市民、あるいは市民に縁者のある周辺の住民のほとんど全員が同じ不安を抱き、中には悲運にも原爆症で死亡する者、長期にわたって闘病しなければならない者が何十万もいたのである。

著者は幸い、被爆を免れたが、地元の新聞社に籍を得て、業務として「原爆」と向き合わざるを得なくなった。エルネスト・チェ・ゲバラとの出会いは偶然の産物であったが、その後、内外の有名・無名の多くの人々を取材し、原爆にまつわる物語を文字にすることを生業の一つとすることになった。ゲバラの取材から一〇年後の一九六九年八月には、東京大学法学部教授の政治学者・丸山眞男氏のインタビューを録音している。丸山教授は一九四五年に召集され、八月六日の原爆投下時は広島市宇品の船舶司令部に配属されていた。八月九日に市中心部に入り、被爆直後の広島の惨状を目の当たりにしている。しかし、丸山教授は自らが被爆者であるという証言を意識的に避け、敢えて広島を再訪しようとはしなかった。戦後、日本の戦争責任に関する研究を徹底的に行った政治学者が広島を遠ざけようとしていたのはなぜなのか。一九六九年の八月、国立がんセンターに入院中の丸山教授に取材を申し込み、病室でのインタビューを果たした。

ゲバラの広島訪問については、本書のI章にあるように一九五九年当時、彼が（とりわけ日本人にとって）無名だったこと、広島訪問自体が予定外の行動だったこともあって、いまだに謎の部分が非常に多い。大阪と広島の往復ルートでさえ、諸説あって真実は判明していない。当時の広島県庁の外事課は“Guevara”を「グウエーラ」、“Alzugaray”を「アルズガル」と発表していた。“Guevara”が何者であるか、よく理解できなかった上に、外務省の資料に記されていたと思われるスペイン語を正確に発音しなかったのだ。カリブ海の小国の名も知らぬ（名も読めぬ？）「少佐」の来訪だったゆえに結果的には、地元紙の一番下っ端だった著者のみが取材を試みることになった。もし、“Guevara”が「ゲバラ」であり、彼がのちに歴史的な人物になると想像ができるような状況であれば、中国新聞社もそれ相応の記者に担当させたであろうし、他社の記者たちも乗り出してきたであろう。“Guevara”が「グウエーラ」であったればこそ、著者は、ヒロシマにおいて新聞記者としては唯一「ゲバラ」と対面する幸運を得たのである。本書の書名を『ヒロシマのゲバラ』ではなく、『ヒロシマのグウエーラ』としたのも、「グウエーラ」という読み違いによる奇妙な発音が、この偶然性の象徴となっているように思えてならなかったからである。本書の序文によると著者が「グウエーラ」が「ゲバラ」のことだと知ったのは、出会いから約二年後のことだった。その頃はすでに「ゲバラ」はキューバ工業相に就任していたが、遠い日本の一地方紙の記者は、スウィージーとヒューバーマンの著書によって、キューバ親善使節団の団長の名が「グウエーラ」ではなく、「ゲバラ」と発音するのだと初めて知らされたのである。

著者は二人のキューバの革命家が一九五九年と二〇〇三年に原爆慰霊碑に献花し、資料館を見学する現場に居合わせた。最初は外国使節団を取材する新聞記者として、二回目は資料館を見学するキューバ国家元首の「見物客」の一人として。四十四年間の間にキューバでは、十月危機（キューバ危機）、ゲバラとカストロの別離、ゲバラの戦死、冷戦終結、国内の経済危機などの様々な歴史の変遷があった。圧倒的なアメリカの軍事的圧力にさらされたキューバでは、「十月危機（キューバ危機）」の恐怖の体験を経たこともあり、反核意識が強く、毎年開催される広島での原水爆禁止大会には代表団の派遣を怠らなかった。著者は原水禁大会でのキューバ代表団の発言にも着目し、本書では冷戦時代におけるキューバがアメリカ、ソ連、中国という核大国のはざまで、核兵器に対して、どういう意見を持ち続けてきたのかを追及しようとしていた（参考資料2）。新聞社退職後も東京の原水禁事務局、外務省外交史料館、キューバ大使館等に足を運び、ゲバラやカストロ、原水禁大会キューバ代表団に関する資料を収集して回っていた。しかし、がん、狭心症をはじめとする複数の病気を抱え、道半ばにして、本書を完成させることができなかった。

著者が資料収集のため、最後に東京を訪れたのは二〇〇八年十一月だった。編者は広島へ帰る著者を東京駅へ見送りに行った。ちょうど、スティーブン・ソダーバーグ監督の映画『チェ二部作（チェ28歳の革命、チェ39歳別れの手紙）』の公開前だった。著者は日本での映画公開前イベントに招待され、日本でゲバラと対面した数少ない日本人として、主人公を演ずるベニチオ・デル・トロについての印象を聞かれたらしい。「『ベニチオさんには悪いけど、本物のチェ・ゲバラの方がずっとイケメンでした』と答えたら、会場が大うけだったよ。」と笑いながら話していたのが、編者が聞いたゲバラに関する最後のエピソードだった。

その後、二〇一一年三月には東日本大震災による福島第一原発事故が発生。ヒロシマ、ナガサキに続いて、フクシマが日本における第三の核の被災地になってしまった。三月十一日以降、東北を中心とした東日本に住むかなり多くの日本人が、十月危機（キューバ危機）のときにカストロたちキューバ国民が抱いたのと同じように、「我々は地球上から消滅してしまうのではないかと思った」のではなかろうか。その後、日本全国の原子力発電所はすべて稼働停止になった。

翌年二〇一二年の十二月に民主党・野田内閣は解散した。著者は総選挙投票日の三日前に容態が急変し病没した。告別式の日に自民党が圧勝し、第二次安倍内閣が発足した。

二〇一五年八月六日、広島の七十回目の原爆慰霊祭において安倍首相は、歴代首相挨拶の中で初めて「非核三原則堅持」を盛り込まない挨拶を行い、被爆者団体などから強い批判を浴びた。五日後の八月十一日には、鹿児島県川内原発が再稼働し、福島第一原発事故以来、停止されていた日本の原発が再び動き始めた。九月十九日、安倍内閣が提出した安全保障法案が成立し、自衛隊による集団的自衛権の行使が可能となった。世界唯一の超大国という地位の重圧に耐えかねたアメリカは、キューバとの国交回復に及び、日本はアジアにおける米軍の軍事的負担軽減を買って出て、アメリカから歓迎されている。歴史の皮肉としか言いようがない。

広島を訪問したとき、ゲバラが発したアメリカ（とそれに追随する日本）への怒りの言葉、カストロの言った「加害者に対して一言も憎しみの言葉を発することなく、原爆の悲劇が二度と起こらないように平和を願う記念碑を建てた気高く寛大な日本国民は世界に反核を訴え続けるべきである」という言葉、これらのメッセージをどう受け止めなければならないのか。われわれ日本人は試されているのだと思う。

二〇一六年も終わりも迎え、世界情勢はますます混沌としている。世界ではテロや難民問題に端を発し、異民族・異教徒への排斥問題が激化している。中東や東アジアでは米ロ中の大国とその周辺国の対立が再燃し、一種の冷戦状態になっている。核兵器問題をめぐっても、オバマ大統領の「核の先制不使用宣言」は内外の強い反対により断念された。国連では核兵器禁止条約に関する議論が開始されたが、これについても核兵器禁止を主張する非核保有国と核保有国（及び日本を含む「核の傘」の下にある諸国）との間で激烈な論争が交わされており、先行きが見えない。核兵器禁止条約は、同年十月に国連総会で交渉開始の決議がなされたが、「唯一の被爆国」日本は、核保有国のアメリカとともに決議に反対した。棄権という選択肢さえ取らなかった。「君たち日本人はこんな残酷な目にあっても腹が立たないのか」というゲバラの言葉は、被爆から七十年余も過ぎた今日から思うと、「君たち日本人は原爆で残酷な目にあった『唯一の被爆国』と自称しながら、七十年間も謝罪しないアメリカの顔色をうかがって、核兵器禁止条約に賛成票を投じることもできないのか」という怒りの声にさえ聞こえてくる。

思えば二〇一六年は、オバマ大統領のキューバ訪問と広島訪問が同じ年に実現したという歴史の偶然が生み出した不思議な年であった。そして、二〇一七年はアメリカ大統領交代（バラク・

オバマからドナルド・トランプへ）の年であり、同時にエルネスト・チェ・ゲバラ没後五十年の年に当たる。政治的、経済的な泥沼状態から脱することができない世界中の人びとにとって、果たして二〇一七年には多少なりとも光明を見いだせる年になるのか、それとも、相変わらず泥沼時代が続き、さらに危機的状況に陥る年になるのだろうか。今の段階では予測するのもためらわれる。

「ゲバラとカストロはなぜ広島を訪問したのか」と「丸山眞男はなぜ広島を再訪しようとしなかったのか」という問いは、原爆関連の報道にたずさわっていた著者にとって、二大テーマであった。後者については、広島大学平和研究センター研究報告『丸山眞男と広島――政治思想史家の原爆体験――』（IPSHU研究報告シリーズ　No.25）によって、著者自身の見解もある程度明らかにすることができたが、前者については、数点の新聞記事を除いて、まとまった資料を出すことができなかった。

本書は著者自身の残した一部の原稿に編者が最低限の追記をするという形をとったため、断片的な内容のものになってしまった。本来なら、ゲバラの広島訪問に続いて、十月危機（キューバ危機）時にカストロ、ゲバラたちが核ミサイルをめぐって米ソ両大国に対してどう立ち向かったのか、米ソ冷戦・中ソ対立が日本の原水禁運動にどのような影響を及ぼしたかという経緯が書かれ、二〇〇〇年以降における反核運動の歴史の一コマとして、最終章に「カストロの広島訪問」

を据える予定であった。しかし、著者はプロローグ＝ゲバラとエピソード＝カストロの部分を書いたところで旅立ってしまった。中がすっぽり抜けてしまった形で本書を世に出さざるを得なかったが、これは、ひとえに著者ならびに編者の時間不足と能力不足ゆえである。著者にはあの世で悔し涙を流してもらうしかない。最後に言い訳めいたこと書く羽目になり心苦しい限りではあるが、本書を通じて、ゲバラとカストロという二人のキューバ革命家が見た被爆地・ヒロシマの歴史的意義を多少なりとも読者に考察してもらう縁になれば、幸いである。

本書を出版するに当たっては、多くの方々から多大なご協力を得ることができた。広島平和記念資料館の元館長・畑口實さん、学芸課の高橋佳代さん並びに中国新聞社の西本雅実さんからは広島関係について、在日キューバ大使館の山中道子さんと映画監督の阪本順治さんからはキューバ関係について、それぞれ貴重な資料と情報を提供していただいた。山中さんと阪本さんは、一般の日本人にとって非常に困難であるキューバ関係者との連絡仲介の労も取ってくださった。また、この度、本書の刊行に至ることができたのは、溪水社社長の木村逸司さんと西岡真奈美さんのご助力によるものである。山中さんと木村さんには、父の代から長きにわたり、ご指導、ご鞭撻いただいた。この場を借りて、ご協力くださった皆さまに厚くお礼の言葉を申し述べたい。

追悼

本稿の校了後、ラウル・カストロによってフィデルの訃報が伝えられた。二〇一六年十一月二十五日。奇しくも、フィデル、チェたちが「グランマ号」に乗り、メキシコからキューバへ向けて出港した日の六十年後のことだった。

アディオス、フィデル。そして、“¡Hasta la victoria, siempre!（永遠の勝利の日まで！）”（エルネスト・チェ・ゲバラ『別れの手紙』）

参考文献

イグナシオ・ラモネ、伊高浩昭訳『フィデル・カストロ――みずから語る革命人生』岩波書店、二〇一一年

猪口孝ほか編『国際政治事典』弘文堂、二〇〇五年

伊藤拓磨「革命初期におけるキューバ外交と冷戦」『政治学研究（慶応大学法学部政治学科ゼミナール）』四十二号、二〇一〇年三月

大貫良夫ほか『新版ラテンアメリカを知る事典』平凡社、二〇一五年

小笠原高雪ほか編『国際関係・安全保障用語辞典』ミネルヴァ書房、二〇一三年

小田切利馬『ソ連外交政策の変遷』東京官書普及、一九七八年

木村寿一郎『ベトナム戦争事典』九州共立大学経済学部、二〇〇一年

後藤政子、樋口聡『キューバを知るための52章』明石書店、二〇〇九年

広島平和文化センター編『平和事典』勁草書房、一九八五年

著　者

林　立雄（はやし　たつお）

1933 年　広島県生れ
1956 年　中国新聞社入社
1996 年　安田女子短期大学教授
2012 年　死去
著書―『ルポ地方公務員』（中国新聞社編、日本評論社）1976
『戦後広島保守王国史』（渓水社）1983
『朝鮮訪問記』（共著、そしえて）1982
『丸山眞男と広島―政治思想史家の原爆体験―』（編著、広島大学平和科学研究センター）1998 年
『寡占・日本の新聞産業―形成・構造・行動―』（渓水社）2002
論文―「女子大学文学部『経済学教育』のあり方―ヤヌスの如くに―」（「経済学教育」19 号、2000 年 4 月）など

ヒロシマのグウエーラ
―被爆地と二人のキューバ革命家―

平成 28 年 12 月 14 日　発　行

著　者　林　立雄
編　者　相原　香織
発行所　株式会社　渓水社
広島市中区小町 1-4（〒730-0041）
電　話（082）246-7909
ＦＡＸ（082）246-7876
E-mail：info@keisui.co.jp

ISBN978-4-86327-367-2　C0030